Hans Joachim Schädlich

Der Sprachabschneider

D1873750

Texte **Medien**

Hans Joachim Schädlich

Der Sprachabschneider

Erarbeitet von Peter Bekes
und Heinz Reichling

Schroedel

Texte.Medien

Herausgegeben von Peter Bekes und Volker Frederking

Nach gültiger Rechtschreibung 2006

© 2002 Bildungshaus Schulbuchverlage
Westermann Schroedel Diesterweg
Schöningh Winklers GmbH, Braunschweig
www.schroedel.de

Das Werk und seine Teile sind urheberrechtlich geschützt. Jede Nutzung in anderen als den gesetzlich zugelassenen Fällen bedarf der vorherigen schriftlichen Einwilligung des Verlages. Hinweis zu § 52 a UrhG: Weder das Werk noch seine Teile dürfen ohne eine solche Einwilligung gescannt und in ein Netzwerk eingestellt werden. Dies gilt auch für Intranets von Schulen und sonstigen Bildungseinrichtungen.
Auf verschiedenen Seiten dieses Buches befinden sich Verweise (Links) auf Internet-Adressen. Haftungshinweis: Trotz sorgfältiger inhaltlicher Kontrolle wird die Haftung für die Inhalte der externen Seiten ausgeschlossen. Für den Inhalt dieser externen Seiten sind ausschließlich deren Betreiber verantwortlich. Sollten Sie bei dem angegebenen Inhalt des Anbieters dieser Seite auf kostenpflichtige, illegale oder anstößige Inhalte treffen, so bedauern wir dies ausdrücklich und bitten Sie, uns umgehend per E-Mail davon in Kenntnis zu setzen, damit beim Nachdruck der Verweis gelöscht wird.

Druck A 4 / Jahr 2007
Alle Drucke der Serie A sind im Unterricht parallel verwendbar.

Redaktion: Franziska Voigt, Hamburg
Herstellung: Barbara Frankhuizen
Reihentypografie: Iris Farnschläder, Hamburg
Satz: UMP Utesch Media Processing GmbH, Hamburg
Druck: Clausen & Bosse, Leck
Titelillustration: Charlotte Wagner
Lizenzausgabe mit freundlicher Genehmigung der Rowohlt Verlag GmbH
Copyright © 1980 by Rowohlt Verlag GmbH, Reinbek bei Hamburg

Das Texte.Medien -Programm zum »Sprachabschneider«:
978-3-507-47003-3 Textausgabe mit Materialien
978-3-507-47103-0 Arbeitsheft
978-3-507-47203-7 Informationen für Lehrerinnen und Lehrer

Informationen und Materialien im Internet:
www.schroedel.de/textemedien

ISBN 978-3-507-47003-3

Inhalt

Vorwort

»Der Sprachabschneider« von Hans Joachim Schädlich ist ein unterhaltsames, anregendes Buch über die kommunikativen Möglichkeiten der Sprache, aber auch über die Gefahren sprachlicher Verarmung.

Vielolog ist der sprechende Name eines Mannes, der dem Schüler Paul einen verlockenden Tausch vorschlägt: Wenn dieser ihm Teile seiner Sprache, z. B. die bestimmten Artikel und Präpositionen gibt, will er für ihn die Hausaufgaben machen. Ohne Bedenken willigt Paul in den Handel ein. Doch dieser hat für ihn unangenehme Konsequenzen. Der Verlust der Wortarten schränkt seine Mitteilungsfähigkeiten ein. Paul merkt im Laufe der Zeit, welche Bedeutung die Sprache für ihn hat.

Das Kinder- und Jugendbuch von Hans Joachim Schädlich bietet nicht nur eine amüsante Lektüre mit vielen Überraschungen, sondern stellt einen vorzüglichen Lerngegenstand für den integrativen Grammatikunterricht in der Sekundarstufe I (vor allem in den Klassen 5 und 6) dar. In der Beschäftigung mit dem »Sprachabschneider« können grammatische Kategorien in ihrer Bedeutung und Funktion anschaulich erklärt werden. Darüber hinaus regt die fantasievolle Geschichte die Schülerinnen und Schüler dazu an, über den Gebrauch und den Wert der Sprache nachzudenken.

Um die Arbeit mit dem Text zu erweitern und zu vertiefen und um ihn in andere Unterrichtsvorhaben einbeziehen zu können, ist ihm ein Teil mit Materialien hinzugefügt worden. In diesem finden die Schüler in Form von Texten, Bildern, Übersichten und Arbeitsanregungen weitere interessante Hintergrundinformationen zum Autor und zur Thematik und Wirkung des Buches sowie wichtige Hinweise zum Gebrauch von zentralen grammatischen Kategorien.

Besonderen Anklang bei den Schülern dürften Texte aus dem Bereich der fantastischen Literatur finden, die im Materialteil in Ausschnitten vorgestellt werden: »Timm Thaler oder Das verkaufte Lachen«, »Peter Schlemihls wundersame Geschichte« und »Rumpelstilzchen«. Sie besitzen manche Gemeinsamkeiten mit dem »Sprachabschneider« (z. B. den Tauschhandel) und eignen sich daher besonders für eine vergleichende Betrachtung.

Ein gesondertes Arbeitsheft bietet zudem mannigfaltige produktions- und handlungsorientierte Anregungen zur Beschäftigung mit dem Buch.

Hans Joachim Schädlich

Der Sprachabschneider ________________ 1980

Mit Bildern von Amelie Glienke

Montags, dienstags, mittwochs, donnerstags, freitags und sonnabends klingelt genau neben Pauls Ohr pünktlich um sechs Uhr dreißig der große Wecker so laut, dass Paul glaubt, er träume von einem großen lauten Wecker, der genau neben seinem Ohr klingelt. Weil es aber, glaubt Paul, ein Traum ist, dreht er sich auf die andere Seite und will weiterschlafen. Weil aber der Wecker in Pauls Traum so laut klingelt, dass Paul wach geworden ist, wird Paul wach, dreht sich um und sieht pünktlich um sechs Uhr einunddreißig auf den Wecker, der gerade geklingelt hat. Der Wecker klingelt ja gar nicht, denkt Paul. Hab ich also doch geträumt.

Was müsste Paul jetzt tun, überlegt Paul. Er überlegt eine Weile, dann fällt es ihm ein: den Oberkörper aufrichten, die Bettdecke

zurückschlagen, die Füße auf den Fußboden setzen. Uh! Kalt! Paul deckt sich bis unters Kinn zu. Sonst ist alles still. Oder? Alles ist

still. Paul schließt die Augen und denkt: Der Schlaf nach dem Aufwachen ist der gesündeste. Da geht die Tür auf, Pauls Mutter sagt viel zu laut: »Aufstehen, Paul!«, und knipst das viel zu helle Licht an. Die viel zu laute Stimme von Pauls Mutter und das viel zu helle Licht sind zu viel für Paul. Mit dem warmen Bett und dem gesunden Schlaf nach dem Aufwachen ist es aus. Paul richtet den Oberkörper auf, schlägt die Bettdecke zurück und setzt die Füße auf den Fußboden. Uh! Noch kälter, als Paul gedacht hat. Immer, wenn es morgens kalt ist, ändert Paul die Reihenfolge: Er zieht sich erst an, dann wäscht er sich.

Das Frühstück dauert bei Paul nur fünf Minuten. Er hat es aber nicht eilig, in die Schule zu kommen.

Auf dem Weg zur Schule gibt es immer etwas zu sehen, und warum soll Paul nicht zusehen, wenn es etwas zu sehen gibt? Paul kam schon öfters zu spät, weil er zusah, was es zu sehen gab. Er sagte dann, er habe verschlafen. Einmal sagte er, es habe unterwegs so viel zu sehen gegeben. Als der Lehrer aber fragte, was es gewesen sei, hatte Paul keine Lust, davon zu erzählen. Da sagte der Lehrer, das sei eine faule Ausrede von Paul, weil Paul nicht zugeben wolle, dass er verschlafen habe.

Seit diesem Tag macht Paul sich um Punkt sieben Uhr auf den Schulweg. Pauls Mutter sagt jeden Morgen: »Warum gehst du so früh, Paul?« Sie wundert sich aber nicht sehr. Sie weiß, dass Paul immer viel Zeit braucht. Deshalb findet sie es eigentlich richtig, dass er so früh geht.

Das Erste, was Paul sieht, ist ein riesiger weißer Baum, der hoch am Himmel über Paul

FAULE AUSREDE!

hinwegschwebt. Ein schwebender Himmelsbaum, denkt Paul. Ein weißer Riesenbaum. Ein riesiger Weißbaum über Paul. Ein riesiger Himmels-Weißbaum. Ein weißer Himmels-Riesenbaum.
Nach sieben Schritten, Paul geht sehr langsam, ist der Baum ein Elefant. Sechs Schritte später ist der Elefant eine Lokomotive. Fünf Schritte später ist die Lokomotive ein Bett.
Der Wind macht aus der Wolke, was er will: einen Wolkenbaum, einen Wolkenelefanten, eine Wolkenlokomotive, ein Wolkenbett. Paul, der noch müde ist, säße gern auf dem Wolkenelefanten und ritte gemächlich zur Schule. Noch lieber läge er in dem Wolkenbett. Er würde natürlich nicht schlafen. Nur dösen. Die dünnen Wolkenfetzen, die neben

der Bettwolke durcheinandersegeln, sehen wie Sauerkraut aus. Ab und zu könnte Paul sich eine Portion Sauerkraut vom Blauhimmel langen.

Jetzt hat Paul die Straßenbahnhaltestelle erreicht. Wenn es keine Wolkenlokomotive ist, eine Straßenbahn ist auch etwas. Paul stellt sich hinter den Fahrer und sieht zu, wie der Fahrer klingelt und losfährt. Eigentlich hat Paul die Klingelei nicht gern. Sie erinnert ihn daran, dass die Zeit vergeht und die Schule bald anfängt. Die Fahrgäste drängeln, und Paul muss aufpassen, dass er in dieser Drängelei nicht fortgeschoben wird. Ein älterer Mann sagt zu einem jüngeren Mann: »Jeden Morgen fahre ich mit dieser Bahn, und jeden Morgen ist es dieselbe Fahrerei. Ein Geruckel und Gezuckel, dass die letzte Müdigkeit verfliegt, wenn du noch müde bist.« Die Bahn ruckelt und zuckelt weiter, doch Paul hört nicht länger auf die Morgenunterhaltung der beiden Männer.

Er sieht gerade, dass es zu regnen anfängt. Die Regenschauer stürzen auf die Straßenbahn wie haushohe Wellen auf ein Schiff. Das Wasser schlägt an die Scheiben und läuft in Strömen an den Scheiben herab, sodass Paul ringsum nur noch Wasser sieht. Die Straßenbahn bahnt sich neben einem Lastauto, das mit Kohle beladen ist, mühsam einen Weg durch das Wasser auf der Straße. Kurz vor der Schule sind die Schienen so buckelig und ausgebeult, dass das Straßenbahnschiff plötzlich stampft und schlingert. Der Kapitän geht auf halbe Fahrt. Das Lastschiff mit Kohle schiebt sich vor das Straßenbahnschiff. Hinter das Straßenbahnschiff hat sich ein froschgrünes Autoboot für zwei Personen gesetzt, das nach links in einen schmaleren Straßenkanal abbiegen

schlingert **hin und her schwankt**

Wagen 83
18 Sitzplätze

will. Neben das Straßenbahnschiff darf jetzt niemand mehr fahren, weil die Straßenbahn hält. Aus der entgegengesetzten Richtung kommt eine andere Straßenbahn, die an Pauls Straßenbahn vorbeifährt. Zwischen den beiden Straßenbahnen ist so wenig Platz, dass wahrscheinlich nicht einmal Paul zwischen die beiden Straßenbahnen passen würde.

Paul steigt aus. Bis zur Schule ist es nicht mehr weit. Paul würde gern einen Umweg machen, doch es ist schon sieben Uhr vierzig. Außerdem regnet es. Deshalb beeilt sich Paul.

Nach seinen Begegnungen mit einem Wolkenelefanten und einem Straßenbahnschiff wundert es Paul jetzt nicht mehr, dass vor der Schule ein Mann auftaucht, dessen

Anblick auch einem größeren Jungen als Paul die Sprache verschlagen muss. Der Mann spannt einen großen grünen Regenschirm auf, steigt auf einen Holzkasten, der wie ein Koffer aussieht, und singt! Richtiger Gesang ist es aber nicht. Paul hört einen Raben, ein Dielenbrett und einen Bären. Der Bär brummt, das Brett knarrt, der Rabe krächzt:

»Übernehme gegen Lohn
Aufsicht über Präposition.
Suche dringend Prädikat,
biete frischen Wortsalat.
Kaufe einzeln und komplett
Konsonanten (außer Z).
Wer tauscht alte Stammsyllaben
gegen fertige Hausaufgaben?«

Präposition Verhältniswort
Prädikat Satzglied: Satzaussage

komplett vollständig
Konsonanten Mitlaute
Syllaben Silben

Paul kommt gerade noch zur rechten Zeit in die Klasse. Heute hat Paul Biologie, Mathematik, Russisch, Deutsch, Deutsch, Russisch. Die Schule ist wie jeden Tag. Paul ist nicht besonders fleißig, und Paul ist nicht besonders faul. Er wartet heute ungeduldiger auf die große Pause, weil er mit allen Spielern seiner Fußballmannschaft über das Training sprechen will. Nach dem Unterricht geht Paul schnell nach Hause. Den Mann auf dem Holzkoffer und sein Lied hat er vergessen. Paul will vor dem Fußballtraining seine Hausaufgaben hinter sich bringen. Gerade will Paul das Deutsch-Heft aufschlagen, als es an der Wohnungstür klingelt. Paul öffnet die Tür einen Spaltbreit und vergisst, den Mund wieder zuzumachen.

Vielolog abgeleitet von grch. »Philologe« (Sprach- und Literaturforscher)

Artikel Geschlechtswörter

Quittung Empfangsbestätigung

Vor der Tür steht der Mann mit dem Holzkoffer. »Mein Name ist Vielolog«, sagt der Mann mit brummender, knarrender und krächzender Stimme. »Ich möchte dir einen Vorschlag machen.« Dabei klopft er auf seinen Koffer.

Paul sagt: »Meine Eltern sind auf Arbeit, komm bitte heute Abend wieder.«

Aber der Mann sagt: »Ich übernehme eine Woche lang deine Hausaufgaben, wenn du mir alle deine Präpositionen und … sagen wir mal … die bestimmten Artikel gibst. Das ist ja nicht viel.«

Paul überlegt. Dann sagt er: »Wie soll ich dir meine Präpositionen oder so was geben. Die hab ich doch nicht im Schrank.«

»Du sagst einfach, dass du sie mir gibst, und fertig. Du kriegst natürlich ’ne Quittung.«

Da denkt Paul: Eine ganze Woche lang keine Hausaufgaben! Und ich brauche bloß zu sagen: ›Ich geb dir meine Präpositionen und … und was? Ach so, die bestimmten Artikel.‹ Na, wenn es weiter nichts ist. Paul sagt: »In Ordnung. Ich geb dir meine Präpositionen und die bestimmten Artikel.« Er führt den Mann in sein Zimmer. Vielolog stellt den großen grünen Regenschirm in die Ecke, öffnet den Holzkoffer und holt einen Notizblock heraus. Während er die Quittung schreibt, kann Paul sehen, was in dem Koffer ist. Es sind kleine Holzkästchen, und auf jedem Kästchen klebt ein Zettel. Paul liest auf einem Zettel das Wort ›Pronomen‹ und einen Namen, der ihm sehr bekannt vorkommt. Es ist ein Junge aus der achten Klasse, erinnert sich Paul, und er denkt:

Pronomen
Fürwort

Bin ich ja nicht der Einzige. Vielolog, der an Pauls Tisch sitzt, überreicht Paul die Quittung und macht sich sogleich an Pauls Hausaufgaben. Paul steckt die Quittung in die Hosentasche und sagt: »Ich gehe Sportplatz.« Da lächelt Vielolog zufrieden.

Am Abend will Pauls Mutter wissen, ob Paul seine Hausaufgaben erledigt hat.
»Ja«, sagt Paul.
»Und was hast du sonst noch gemacht?«, fragt Pauls Mutter.
»Och«, sagt Paul, »ich war Fußballtraining. Hinterher saßen wir noch Eisdiele.«
Pauls Mutter starrt Paul an, sagt aber nichts. Sie denkt: Vielleicht hat Paul sich wieder etwas Neues ausgedacht.
Als er von dem Regen erzählt, den er am Morgen erlebt hat, sagt Paul: »Regen stürzte Straßenbahn wie haushohe Wellen ein Schiff.«
Pauls Mutter sagt: »Du kannst mir doch nicht erzählen, dass die Straßenbahn von dem Regen umgefallen ist!«
»Hab ich doch gar nicht gesagt!«, sagt Paul.

In der Schule geht es erst richtig los. Pauls Mitschüler merken gleich, dass mit Paul etwas nicht stimmt. Immer, wenn er etwas sagt, sehen sie ihm auf den Mund. Als Paul in der Geografiestunde aufgerufen wird und sagen soll, wohin der Main fließt, sagt Paul:
»Main fließt Rhein.«

Geografie Erdkunde
Main Fluss
Rhein Fluss

Da lachen alle, sogar Pauls Freunde. Und der Lehrer sagt: »So rein fließt der Main gar nicht, Paul.«

Zum Direktor, der in der Pause den Korridor entlangkommt und wissen will, ob Pauls Lehrer noch in der Klasse ist, sagt Paul:
»Nein, Lehrer ist nicht Klasse.«

Korridor Gang, Flur

Der Direktor ist eine Sekunde lang sprachlos. Paul vergisst vor Aufregung, was der Direktor sagt. Etwas Angenehmes ist es jedenfalls nicht.

rot
blau
grün

Dass Paul aber keine Hausaufgaben zu machen braucht, findet er wirklich schön. Endlich kann er nach der Schule tun, was er will. Am liebsten spielt er Fußball. Aber er ist allein. Die anderen kommen immer erst auf den Sportplatz, wenn sie ihre Hausaufgaben gemacht haben. Was soll Paul so lange tun? Er legt sich ins Gras und sieht in den Himmel. Er langweilt sich.

Am Montag darauf ist die Zeit ohne Hausaufgaben vorüber. Paul kommt von der Schule nach Hause und seufzt, weil er das Gefühl hat, dass für ihn mehr hätte herausspringen müssen als eine Woche ohne Hausaufgaben. Es macht Paul gar keinen richtigen Spaß mehr zuzusehen, was es zu sehen gibt, weil er es nicht mehr richtig erzählen kann. Und es macht auch gar keinen richtigen Spaß

mehr, etwas zu sagen. Die Mitschüler lachen, der Lehrer glaubt, Paul macht dumme Witze, und der Direktor schimpft.

Zwei Wochen hätte ich mindestens verlangen müssen, denkt Paul und setzt sich an seinen Tisch. Da klingelt es. Wieder steht Vielolog vor der Tür.

Paul bittet ihn herein und sagt: »Du musst mir *noch* eine Woche geben!«

»Gut, aber nicht umsonst«, knarrt das Dielenbrett.

»Was willst du denn?«, fragt Paul.

Verbformen Formen des Tätigkeitswortes

»Ich will alle deine Verbformen«, krächzt es aus dem Mann.

»Alle meine Verbformen?«, ruft Paul erschrocken.

Infinitiv Grundform des Tätigkeitswortes

»Den Infinitiv kannst du meinetwegen behalten«, brummt der Mann.

Paul überlegt: Immerhin, Infinitiv reicht vielleicht. Ich könnte jeden Nachmittag schwimmen gehen, bis die anderen zum Fußballspielen kommen. Und heute Nachmittag ist Zirkus!
»Einverstanden«, sagt Paul. Vielolog öffnet den Koffer, holt ein neues Kästchen heraus, schreibt ›Verbformen‹ und Pauls Namen darauf. Paul bekommt seine Quittung und macht sich auf den Weg zum Zirkus.
Die Vorstellung fängt erst um fünfzehn Uhr an. Paul kann sich vorher die Tierschau ansehen. Vor den Käfigen, in denen die Löwen liegen, trifft Paul seinen Freund Bruno.
Paul fragt: »Gehen du auch Zirkus?«
Bruno sagt: »Paul, was ist los mit dir?«
»Nichts«, antwortet Paul. »Wann machen du Hausaufgaben?«

Bruno sagt: »Nun hör aber auf, Paul!« An der Zirkuskasse sagt Paul gar nichts. Er gibt Bruno das Eintrittsgeld, und Bruno kauft zwei Karten. Ehe die Vorstellung beginnt, fragt Paul noch: »Bruno, was gefallen dir besser, Akrobatik oder Dressur?«

Akrobatik **Kunst der Körperbeherrschung**
Dressur **Abrichten von Tieren**

»Am besten gefällst *du* mir«,
antwortet Bruno.
Da schweigt Paul bis zum Ende
der Vorstellung, obwohl er gerne etwas
gesagt hätte.
Bruno hat zuletzt beinahe ein schlechtes
Gewissen.
Am Abendbrottisch
muss Paul seinen Eltern
unbedingt vom
Zirkus erzählen.

springtdurch"
auf seinen
auf einen
"gab"
trug

»Herrlich sein Dressuren«, sagt er. »Ein Tiger springen ein brennender Reifen. Ein Elefant sitzen ein großer Hocker.« Pauls Eltern werden sehr traurig, als sie Paul reden hören. Er hatte ihnen beim Abendbrot immer von seinen Erlebnissen erzählt. Jetzt bringt er nur noch solche Sätze zustande.

Vater, der sich nichts anmerken lassen will, fragt: »Und die Akrobaten?«

Trapezkünstler **Künstler im Zirkus auf einer Schaukel**

»Es geben Trapezkünstler und einen Seiltänzer«, sagt Paul. »Seiltänzer halten jede Hand einen Regenschirm, und seine Schultern tragen er ein Mädchen.«

Jetzt sieht Paul, dass seine Eltern sehr traurig sind.

Als Paul in sein Zimmer gegangen ist, sagt Mutter: »Zuerst dachte ich, Paul hat sich einen Spaß ausgedacht. Aber das ist schon kein Spaß mehr. Was ist bloß mit ihm los?«

»Ist Paul vielleicht krank?«, fragt Vater.

Mutter sagt: »Nein, bestimmt nicht. Das hätte ich gemerkt. Es muss irgendetwas anderes sein. Was ist es bloß?«

»Warten wir ab«, sagt Vater, »wir müssen Geduld haben.«

In der Schule sagt Paul so wenig wie möglich. Seine Mitschüler warten nur darauf, dass er etwas sagt, und prusten gleich los. Sie glauben, dass Paul einen Dreh gefunden hat, die Lehrer auf den Arm zu nehmen. Nur Fritz, der nie Pauls Freund war, sagt in der Pause zu Paul: »Sein du kleines Knirpschen, müssen du Kindergarten gehen. Oder Mutti Rockzipfel bleiben.«

losprusten
mit einem blasenden Geräusch lachen

Der Klassenlehrer bestellt Paul schließlich zu sich und sagt sehr ärgerlich: »Wenn das so weitergeht, dann müssen wir ein ernstes Wort mit dir reden. Was denkst du dir eigentlich? Du glaubst wohl, du kannst dir alles erlauben, wie? Nimm dich gefälligst zusammen und hör mit den Faxen auf!« Paul zuckt nur mit den Schultern. Nachmittags geht er ganz allein ins Schwimmbad, sucht sich ein einsames Fleckchen auf der Liegewiese und grübelt. Im Unterricht geht es nur noch, wenn Paul ›seine‹ Hausaufgaben vorliest. Vielolog ist sehr klug. Er macht Pauls Hausaufgaben nicht besser, als es Paul getan hätte. Wenn Paul aber selber etwas sagen muss oder wenn eine Arbeit geschrieben wird, bei der man in ganzen Sätzen antworten muss, dann ist es schlimm

Faxen dumme Späße

für Paul. Die Lehrer glauben, Paul macht absichtlich alles falsch. Es vergeht keine Stunde ohne einen Tadel, es regnet Vieren und Fünfen, und alle Lehrer schimpfen mit Paul. Paul schläft in der heißen Sonne ein. Er träumt aber gar nichts. Er wacht auf und fragt

sich, wie lange er nicht mehr richtig geträumt hat. Eine Woche? Oder schon zwei?
Das Wasser im Schwimmbecken ist so frisch, dass Paul seine Grübeleien wieder vergisst.
Die zweite Woche vergeht sehr schnell. Paul schweigt meistens.
Am dritten Montag sagt er zu Vielolog:
»Ich können gar nichts mehr allein machen. Du dürfen mich jetzt nicht sitzen lassen.«
Vielolog ist zufrieden. Aber umsonst tut er natürlich nichts.
Paul sagt: »Du haben schon genug!« Doch Vielolog lässt sich nicht beirren.
Schließlich gibt Paul nach: »Also, was verlangen du?«
Und Vielolog sagt: »Von jedem Wort, das mit zwei Konsonanten anfängt, verlange ich den ersten Konsonanten. Das ist ja nicht viel.«

Schon am nächsten Tag begreift Paul, worauf er sich diesmal eingelassen hat.
Mutter trägt ihm beim Frühstück auf, nach der Schule einkaufen zu gehen. Paul soll zehn Schrippen, vier Bratwürste, eine Tüte Haferflocken und eine Tüte Graupen kaufen. Außerdem braucht Mutter ein Tütchen Staubzucker, weil sie Plätzchen backen will.
»Soll ich's dir aufschreiben«, fragt Mutter, »oder merkst du's dir?«
Paul sagt: »Nicht aufschreiben.«
Nach der Schule geht Paul in den kleinen Lebensmittelladen an der Ecke.
Die Verkäuferin fragt: »Was möchtest du, Paul?«
Paul schnurrt Mutters Bestellung herunter:

Schrippen Brötchen
Graupen Getreidekörner, geschälte Gerste
Staubzucker Puderzucker

schnurrt … herunter sagt es leise und schnell herunter

»Zehn Rippen, vier Ratwürste, eine Tüte Hafer-Locken und eine Tüte Raupen. Und

ein Tütchen Taubzucker, Mutter wollen Lätzchen backen.«

Die Verkäuferin, die von Paul gehört hat, sagt ernst: »Tut mir leid, Paul, das haben wir nicht. Versuch's doch mal woanders.«
Paul stolpert verwirrt aus dem Laden. Den ganzen Nachmittag läuft er durch die Stadt. Er will schon umkehren, als er endlich Vielolog aus einem Haus kommen sieht. Vielolog trägt in der Linken seinen Regenschirm, in der Rechten trägt er seinen Holzkoffer.
»Vielolog!«, ruft Paul.
Vielolog dreht sich um und wartet.
Atemlos bleibt Paul vor Vielolog stehen und sagt, so schnell er kann: »Ich wollen alles wiederhaben!«
Aber Vielolog lacht Paul einfach aus. »Da kann ja jeder kommen«, sagt er. »Wir haben ein ehrliches Geschäft gemacht, und damit basta.

Oder habe ich etwa *nicht* deine Hausaufgaben erledigt?« Paul ist verzweifelt. »Ich geben dir meine Indianer, Autos und Lugzeuge. Und meinen Fußball!«, sagt Paul. Vielolog lacht einfach. »So was sammle ich nicht«, sagt er. »Aber ich habe eine Idee.« Er öffnet seinen Koffer und holt ein Blatt Papier heraus. »Du kriegst alles von mir zurück«, sagt er, »wenn du herausfindest, was auf diesem Blatt fehlt. Ich gebe dir einen Tag Zeit. Wir treffen uns hier.« Paul reißt Vielolog das Blatt aus der Hand und rennt nach Hause. Mutter ist sehr ärgerlich, weil Paul nichts eingekauft hat. Jetzt muss Mutter selbst einkaufen gehen, obwohl sie von der Arbeit müde ist. Paul verschwindet in seinem Zimmer und liest das Blatt von Vielolog. Auf dem Blatt steht:

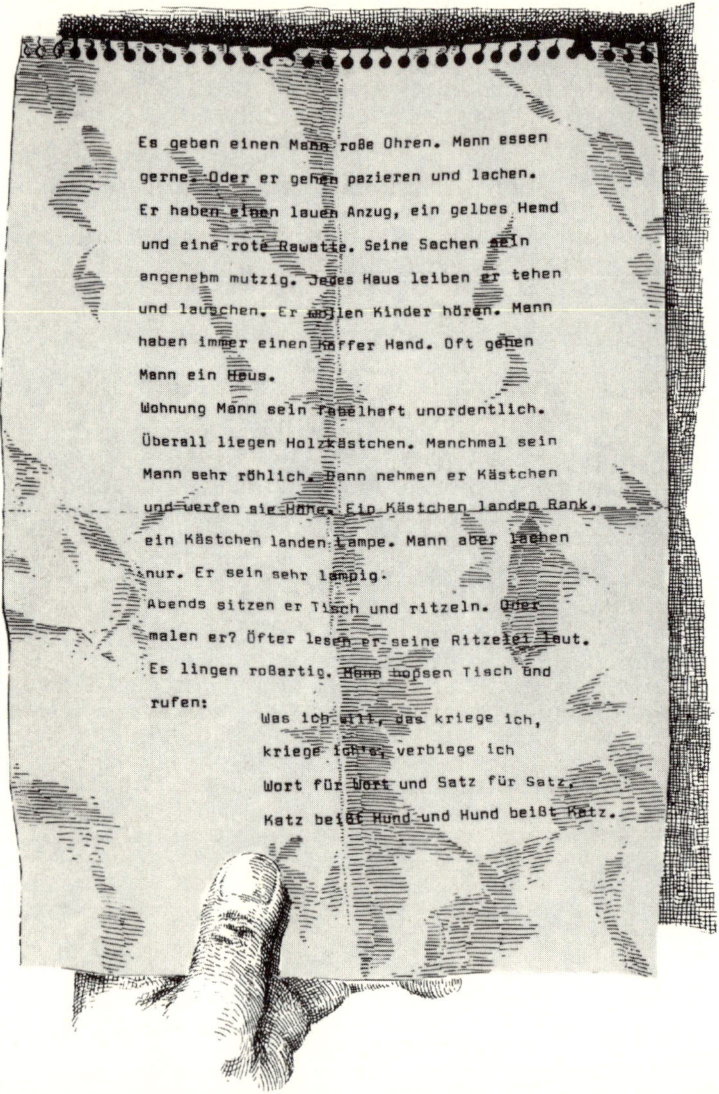

Es geben einen Mann roße Ohren. Mann essen gerne. Oder er gehen pazieren und lachen. Er haben einen lauen Anzug, ein gelbes Hemd und eine rote Rawatte. Seine Sachen sein angenehm mutzig. Jedes Haus leiben er tehen und lauschen. Er wollen Kinder hören. Mann haben immer einen Koffer Hand. Oft gehen Mann ein Haus.

Wohnung Mann sein fabelhaft unordentlich. Überall liegen Holzkästchen. Manchmal sein Mann sehr röhlich. Dann nehmen er Kästchen und werfen sie Höhe. Ein Kästchen landen Rank, ein Kästchen landen Lampe. Mann aber lachen nur. Er sein sehr lampig.

Abends sitzen er Tisch und ritzeln. Oder malen er? Öfter lesen er seine Ritzelei laut. Es lingen roßartig. Mann hopsen Tisch und rufen:

Was ich will, das kriege ich,
kriege ich's, verbiege ich
Wort für Wort und Satz für Satz.
Katz beißt Hund und Hund beißt Katz.

Vielolog, der unterdessen nach Hause gegangen ist, hopst um seinen Tisch, wirft kleine Holzkästchen in die Höhe und singt:

»Faulpaul,
paulfaul,
kann nur auf zwei Beinen stehen,
aber denkt, aber denkt,
wird wohl auch mit einem gehen,
hat das andre *mir* geschenkt.
Was ich krieg, das hat er nicht,
was ich hab, das kriegt er nicht.«

Vor lauter Schadenfreude kriegt Vielolog einen dunkelroten Kopf.

Er muss nach Luft schnappen, setzt sich auf seinen Holzkoffer und japst: »Kriegt er nicht, kriegt er nicht!«

Paul kann die halbe Nacht nicht schlafen.

Am nächsten Tag bittet er Bruno um Hilfe.

Sie treffen sich nach der Schule bei Paul, und Paul weiht Bruno in das Geheimnis ein.

»Mensch, Paul«, sagt Bruno, »du warst aber leichtsinnig.«

»Wissen ich ja«, sagt Paul, »was sollen ich denn jetzt tun?«

»Du musst alles, was du Vielolog gegeben hast, von Neuem lernen«, antwortet Bruno.

»Und wie?«, fragt Paul.

»Du schlägst in deiner Grammatik nach und

essen
es
sie
er
du isst
ich esse
große
froße
droße
croße
broße
roße

im Wörterbuch. Und wenn du nicht weiterkommst, helf ich dir.«

Gesagt, getan.

Paul schlägt seine Grammatik auf und findet heraus, dass es heißen muss: ›Es *gibt* einen Mann …‹

Er probiert vor dem ›r‹ in ›roße‹ alle Konsonanten aus und kommt darauf, dass ein ›g‹ fehlt: ›große‹.

»Ich haben es!«, sagt er. »Satz heißen: ›Es gibt einen Mann große Ohren.‹ Stimmen das, Bruno?«

»Nein«, sagt Bruno, »da fehlt noch was.«

Wieder sieht Paul in seiner Grammatik nach und sagt: »›Es gibt einen Mann *mit* große Ohren.‹ Nein, ›… mit große*n* Ohren‹.«

»Stimmt!«, ruft Bruno.

Satz für Satz kommt Paul der Sache auf die Spur. Manchmal muss Bruno nachhelfen. Auch für Bruno ist es gar nicht einfach. Aber leichter ist es für ihn doch, weil er alles im Kopf hat.
Paul dagegen muss immer erst in der Grammatik oder im Wörterbuch nachsehen.
Am Ende ist das Blatt über und über bekritzelt. Paul hat mit einem blauen Filzstift geschrieben, und das Blatt sieht so aus:

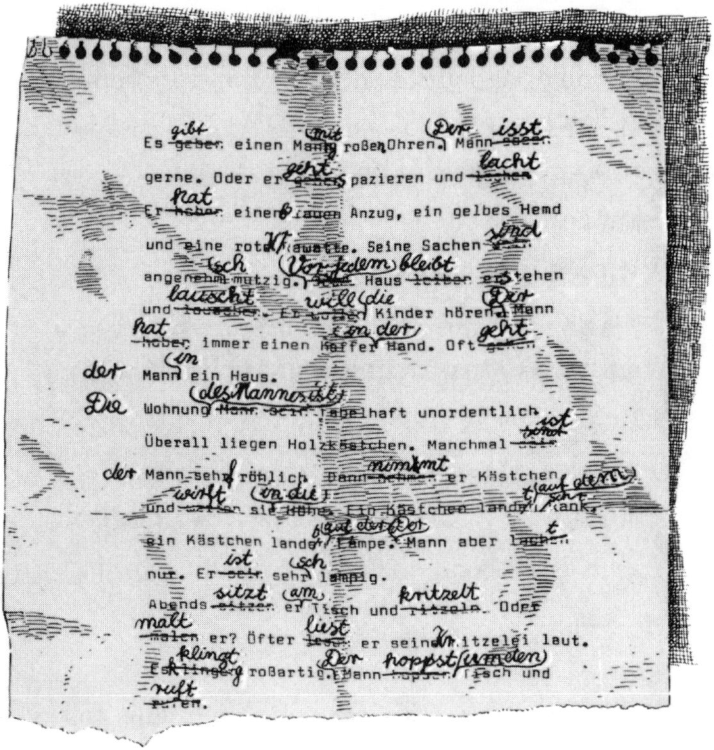
Es ~~geben~~ gibt einen Mann mit großen Ohren. Der Mann ~~essen~~ isst
gerne. Oder er ~~gehen~~ geht spazieren und ~~lachen~~ lacht
Er ~~haben~~ hat einen blauen Anzug, ein gelbes Hemd
und eine rote Krawatte. Seine Sachen ~~sein~~ sind
angenehm schmutzig. Vor jedem Haus ~~leiben~~ bleibt er stehen
und ~~lauschen~~ lauscht. Er ~~wollen~~ will die Kinder hören. Der Mann
~~haben~~ hat immer einen Koffer in der Hand. Oft ~~gehen~~ geht
der Mann in ein Haus.
Die Wohnung ~~Mann sein~~ des Mannes ist fabelhaft unordentlich.
Überall liegen Holzkästchen. Manchmal ~~sein~~ ist
der Mann sehr fröhlich. Dann ~~nehmen~~ nimmt er Kästchen
und ~~werfen~~ wirft sie in die Höhe. Ein Kästchen landet auf der Bank,
ein Kästchen landet auf der Lampe. Der Mann aber ~~lachen~~ lacht
nur. Er ~~sein~~ ist sehr schlampig.
Abends ~~sitzen~~ sitzt er am Tisch und ~~ritzeln~~ kritzelt. Oder
~~malen~~ malt er? Öfter ~~lesen~~ liest er seine Kritzelei laut.
Es ~~klingen~~ klingt großartig. Der Mann ~~hopsen~~ hoppst um den Tisch und
~~rufen~~ ruft.

Ach, den Rest will Paul gar nicht mehr sehen. Es ist spät geworden. Paul steckt das Blatt in die Tasche.
Bruno begleitet ihn bis zur verabredeten Straßenecke.
Vielolog ist schon da.
Paul hält ihm das Blatt vor die Nase, und Vielolog lässt vor Ärger seinen Holzkoffer fallen.
»Also gut«, brummt er.
Umständlich kramt er in seinem Koffer, holt vier Kästchen hervor, öffnet sie und schüttet sie aus.
»Da!«, krächzt er.
Paul sagt: »Von mir kriegst du nie mehr auch nur die kleinste Silbe!« Er dreht sich um und läuft mit Bruno davon.

Vielolog hört nur noch, wie Paul ruft:
»Vielolog! Du Sprachabschneider!«

Materialien

Biografie
Lebens-
beschreibung

Biografie

Hans Joachim Schädlich ist 1935, also in der Zeit, in der Hitler Nazideutschland regierte, in Reichenbach geboren. Dieser Ort liegt im Vogtland, einer Landschaft in Sachsen. Nach dem Schulbesuch studierte er an den Universitäten in Leipzig und Berlin die deutsche Sprache. Danach war er wissenschaftlicher Mitarbeiter an der Ostberliner Akademie der Wissenschaften. In Berlin schrieb er auch seine Doktorarbeit über den Dialekt, der in seiner Heimat, im Vogtland, gesprochen wird. Mit der Sprache hat er sich danach auch noch weiterhin an der Universität beschäftigt. Gemeinsam mit Kolleginnen und Kollegen veröffentlichte er eine Grammatik der deutschen Sprache. Seit Ende der Sechzigerjahre verfasste er Erzählungen in der früheren DDR, durfte diese aber zumeist nicht veröffentlichen, weil die Behörden des Landes meinten, die Texte von Schädlich seien zu negativ. 1977 verließ er die DDR und ging nach Westberlin, weil er unzufrieden mit den gesellschaftlichen und politischen Verhältnissen in der DDR

Dialekt
regionale Mundart einer Sprache

DDR
Deutsche Demokratische Republik

war. Dort war er als Schriftsteller tätig. Neben seinen Erzählungen schrieb er auch Romane, die ihn in Deutschland bekannt machten.

»Die Idee zum ›Sprachabschneider‹ hatte ich«, sagte der Dichter, »in Ostberlin (wo ich bis Ende 1977 gewohnt habe). Ich habe dort viele Leute gesehen, die ihre Denk- und Sprachfähigkeit verkauft haben.«

Amelie Glienke studierte Malerei und freie Grafik an der Hochschule der Künste in Berlin. Sie arbeitet als Grafikerin und (unter dem Namen HOGLI) als Karikaturistin in Berlin und hat zwei Kinder. Besonders bekannt wurde sie durch ihre Illustrationen der »Vampir«-Bücher von Angela Sommer-Bodenburg.

Grafik **Zeichnung**

Karikaturistin **Verfasserin von Spottzeichnungen**

Illustrationen **Bebilderungen**

Arbeitsanregungen

1. Lies die Lebensbeschreibung des Autors aufmerksam durch. Kannst du ihr Hinweise entnehmen, weshalb der Autor dieses Buch geschrieben hat? Wie erklärst du dir, dass er sich in ihm mit dem Thema »Sprache« beschäftigt hat?

2. Was hältst du von den Illustrationen zum Buch? Wähle eine aus, die dir besonders gut gefallen hat. Begründe deine Entscheidung.

3. Bildet Arbeitsgruppen und versucht einmal selbst, den Text zu illustrieren. Welche Textstellen würdet ihr auswählen? Wie würdet ihr sie grafisch gestalten?

Entstehung

M

Interview mit dem Autor — 2001

Wie haben Sie selbst als Schüler den Grammatikunterricht in der Schule erlebt?

Der Grammatikunterricht in der Schule hatte für mich als Schüler etwas quälend Langweiliges. Es wurde uns nie richtig erklärt, was die Grammatik mit der Sprache zu tun hat.

Wie kamen Sie auf die Idee, das Buch zu schreiben?

Auf die Idee zu dem »Sprachabschneider« kam ich, als ich nach einem erzählerischen Ausdruck für Opportunismus, Zensur und Selbstzensur suchte. Ich wollte erzählen, welche Folgen der Verzicht auf das Denk- und Sprachvermögen hat. (Ich habe nicht daran gedacht, dass der Text für den Deutschunterricht gebraucht werden könnte.)

Welche Leserreaktionen haben Sie auf Ihren Text bekommen?

»Der Sprachabschneider« ist 1980 erschienen. Die Reaktionen auf das Büchlein (von Lesern und Kritikern) reichten von bloßer Freude über die »interessante« Geschichte (z. B. bei Schülern) bis zur Einsicht in den gesellschaftlichen Aspekt. Das Büchlein wird in einigen Bundesländern im Unterricht genutzt.

Haben Sie schon einmal daran gedacht, nochmals ein Kinderbuch zu schreiben?

Ich hatte bei der Arbeit an dem Text an erwachsene Leser gedacht (der Rowohlt Verlag hat in der Werbung von einem »Kinderbuch für Erwachsene« gesprochen); es war für mich kein Kinderbuch. Später habe ich noch einmal ein »Kinderbuch für Erwachsene« geschrieben. Es heißt »Der Kuckuck und die Nachtigall« und ist 1996 im Wallstein Verlag, Göttingen, erschienen.

Arbeitsanregungen

M

1. Was hältst du vom Grammatikunterricht in der Schule?

2. Was meint Hans Joachim Schädlich damit, dass in der Schule nie richtig erklärt wurde, was Grammatik mit der Sprache zu tun hat? Könntest du ihm das erklären?

3. Die Antwort, die Hans Joachim Schädlich auf die zweite Frage gibt, ist nicht so ganz einfach zu verstehen. Wenn du erfahren willst, was er meint, solltest du zunächst in einem Wörterbuch die Bedeutung der von ihm gebrauchten Begriffe »Opportunismus«, »Zensur« und »Selbstzensur« nachschlagen. Wenn du dieses getan hast, solltest du noch einmal aufmerksam die Biografie des Autors lesen. Welche der hier gegebenen Informationen tragen zum Verständnis der Meinung des Autors bei, dass der Verzicht auf das Sprach- und Denkvermögen politische Konsequenzen habe? Gib nun mit eigenen Worten wieder, welche Absicht der Autor mit seinem Buch verfolgt hat.

4. Wie erklärst du dir, dass der Rowohlt Verlag in seiner Werbung den »Sprachabschneider« als »Kinderbuch für Erwachsene« charakterisiert hat? Wie würdest du für das Buch werben? Entwirf eine Werbeanzeige. Diskutiert in der Klasse, ob das Buch eher für Kinder oder Erwachsene geeignet ist.

5. Was würdest du den Autor fragen, wenn du die Möglichkeit hättest, mit ihm ein Interview zu führen?

M

Verstehen und Deuten

Einführung

Nützliche Tipps zum Lesen von Büchern

Der Titel gibt dir erste Hinweise zum Inhalt, zur Handlung, zum Problem oder zur Hauptfigur des Buches. Er soll die Leser auf das Buch aufmerksam machen und sie zum Lesen anreizen. Es ist anregend, zunächst die eigenen Gedanken und Gefühle, die der Titel auslöst, aufzuschreiben und sie dann später mit den Vorstellungen zu vergleichen, die beim Lesen des Buches entstehen.

Über den/die Verfasser(in) und seine/ihre Lebensgeschichte kannst du dich unter dem entsprechenden Namen im Lexikon oder im Internet informieren.

Auch der Schutzumschlag enthält häufig wichtige Informationen zum Inhalt des Buches. Auf seiner Vorderseite findest du normalerweise eine Abbildung/ein Titelbild, das vielleicht die Hauptfigur vorstellt oder eine entscheidende Situation aus dem Inhalt des Textes veranschaulicht. Auf der Innenseite des Umschlags befindet sich der Klappentext (bei Taschenbüchern auf der Rückseite). Er informiert die Leser knapp über den Inhalt, ohne dabei alles zu verraten, und versucht damit ihre Neugierde und ihr Interesse zu wecken.

M

Das Inhaltsverzeichnis am Anfang oder am Ende des Buches stellt die einzelnen Kapitel des Buches im Überblick vor und macht stichwortartig deutlich, worum es in ihnen inhaltlich geht. Darüber hinaus bietet es eine erste Gliederung des Textes.

Mit Markierungen und Randbemerkungen kannst du während der Lektüre den Text bearbeiten. Wenn du ein Wort, einen Satz oder eine Textstelle nicht verstanden hast, kannst du an den Rand ein Fragezeichen setzen. Erscheint dir eine Stelle besonders wichtig, kannst du sie durch Unterstreichen oder durch ein Ausrufezeichen kenntlich machen. Dir selbst bleibt es überlassen, ob du weitere Leseeindrücke auf der Seite notierst. Alle diese Hinweise helfen dir dabei, wichtige Stellen im Buch später zu finden.

Nach einer bestimmten Lesezeit solltest du dir noch einmal klarmachen, was du gelesen hast. Dabei wird es dir helfen, wenn du versuchst, mit eigenen Worten den Inhalt des von dir Gelesenen wiederzugeben.

Ein Lesetagebuch kann für dich ein wichtiger Lektürebegleiter sein. In ihm kannst du aufschreiben, was dich beim Lesen beschäftigt hat, welche Stellen des Buches dir besonders oder auch nicht gefallen haben. Du kannst in dein Lesetagebuch auch bestimmte Personen, Orte und Dinge, die im Buch vorkommen, malen. Bist du mit dem Fortgang der Handlung bzw. mit dem Ende des Buches nicht einverstanden, kannst du aber auch einzelne Kapitel verändern oder einen neuen Schluss erfinden.

M

Arbeitsanregungen

1. Inwiefern informiert die Titelseite des vorliegenden Buches den Leser über die Geschichte? Welche anderen Möglichkeiten der Gestaltung des Titelblattes kannst du dir vorstellen?

2. Schreibe zum »Sprachabschneider« einen Klappentext. Achte dabei darauf, welche Leser du mit deinem Text besonders ansprechen willst. Denke daran, dass dein Textvorschlag zum Lesen des Buches anreizen soll, aber nicht zu viel von dessen Inhalt verraten darf.

3. Welche Sätze des Buches gefallen dir besonders gut? Markiere (unterstreiche) sie und trage sie in der Klasse vor. Kannst du deine Entscheidung für diese Lieblingssätze begründen?

4. Paul ist ein Junge, der gerne seinen Fantasien freien Lauf lässt. Wir wollen diese darstellen. Bringt Tageszeitungen, Schere, Klebeband und einen Klebestift mit zur Schule und baut in Gruppen mit diesem Material eine Wolkenfantasie, z. B. einen Wolkenbaum, einen Wolkenelefanten oder etwas anderes.

Hinweise zur Charakterisierung von Figuren

Beim Lesen des »Sprachabschneider« hast du einzelne Figuren kennengelernt, die der Autor auf unterschiedliche Weise beschrieben und charakterisiert hat. Du hast dabei etwas über das Aussehen, Verhalten und über besondere Merkmale der Figuren erfahren, sodass du dir von ihnen ein Bild machen kannst. Je nachdem, welche Bedeutungen die Figuren im Buch haben und welche Absichten der Autor mit ihnen verfolgt, kann er dir weitere Informationen zum Alter und zur Kleidung, zur Gestik und Mimik der Personen geben. Vielleicht schreibt der Autor aber auch etwas dazu, wie die jeweiligen Figuren sprechen, denken und empfinden, wovor sie sich fürchten und was sie sich erhoffen. Manchmal charakterisiert der Verfasser aber auch die Figuren direkt und sagt z. B., ob sie freundlich oder unfreundlich, gutmütig oder bösartig sind.

Eine gute Möglichkeit, eine angemessene Vorstellung von einer Figur zu entwickeln, liegt darin, sich in sie hineinzuversetzen, ihre Rolle zu spielen und dann einen Text über sie zu verfassen. Die Beantwortung der folgenden Fragen kann dir beim Schreiben des Textes helfen.

Wie heißt du?
Wie alt bist du?
Wie siehst du aus?
Wo wohnst du?
Welche Schule besuchst du?

M

Wie sieht dein Schultag aus?
Welche Fächer magst du am liebsten?
Was hältst du von der Schule?
Wie verbringst du deine Freizeit?
Wo liegen deine Hobbys und Interessen?
Was bedeuten für dich Freunde / Freundinnen?
Welche Beziehung hast du zu deinen Eltern?
Was magst du an deinen Mitmenschen, was stört dich an ihnen?
Wie siehst du dich selbst?
Wo liegen deine Stärken, wo deine Schwächen?
Wie möchtest du gern von anderen gesehen werden?
Welche Probleme beschäftigen dich momentan?
Welche Wünsche hast du?
Wie stellst du dir deine Zukunft vor?

Du könntest etwa, wenn du die Rolle von Paul übernehmen möchtest, mit folgendem Satz beginnen: »Ich heiße Paul und bin zehn Jahre alt …«

Arbeitsanregungen

1. Stelle dir vor, wie Paul im Winter bei starkem Schneefall mit der Straßenbahn zur Schule fährt. Was erlebt er? Übernimm einmal seine Perspektive und schildere, was er wahrnimmt, fühlt und denkt.

2. Du bist in derselben Klasse wie Paul und kennst ihn seit einigen Jahren. Wie würdest du ihn charakterisieren?

3. Bildet Spielgruppen und stellt die Szene dar, in der Paul Vielolog zum ersten Mal vor der Schule begegnet. Versucht, Vielologs Vortrag durch besondere Betonung einzelner Wörter unterschiedlich zu gestalten.

4. Versetze dich in die Rolle des Sprachabschneiders, nachdem es ihm gelungen ist, den Vertrag mit Paul abzuschließen. Was denkt er? Du könntest folgendermaßen beginnen: »Das habe ich ja prima hingekriegt.« Ergänze seine Gedanken.

5. Wie ändert sich Pauls Tagesablauf nach Abschluss der Verträge? Belege deine Beobachtungen am Text.

6. Paul ist ein Junge, der gerne träumt. Wie erklärst du dir die Aussage der folgenden Textstelle (S. 45 f.): »Paul schläft in der heißen Sonne ein. Er träumt aber gar nichts. Er wacht auf und fragt sich, wie lange er nicht mehr richtig geträumt hat. Eine Woche? Oder schon zwei?«

M

Themen und Motive

James Krüss

Timm Thaler oder Das verkaufte Lachen ____ 1962

Die folgenden Textauszüge sind dem Buch »Timm Thaler oder Das verkaufte Lachen« von James Krüss entnommen. Dieses erschien erstmals 1962 und wurde bis heute vielfach neu aufgelegt, in viele Sprachen übersetzt und für das Fernsehen verfilmt. Es zählt zu den größten Kinderbucherfolgen des Autors.

Die Geschichte handelt von dem Marionettenspieler Timm Thaler, genauer von dem Abenteuer, das dieser in seiner Jugend erlebt hat. Der Junge Timm wächst nach dem frühen Tod seiner Mutter mit einer lieblosen Stiefmutter auf und sieht seinen Vater, der Bauarbeiter ist, nur selten. In dieser Zeit vergeht Timm buchstäblich sein lustiges Kinderlachen, für das er früher bekannt war. Die einzige Freude in seinem Leben sind die Sonntage, an denen er mit seinem Vater zusammen auf die Pferderennbahn geht, wo der Vater sein Glück bei Pferdewetten versucht. Diese glücklichen Tage sorgen bei Timm dafür, dass er sein Lachen trotz der bedrückenden Verhältnisse nicht ganz verliert.

Als Timm in der vierten Klasse ist, stirbt jedoch auch sein Vater bei einem Unfall. Nach der Beerdigung irrt Timm ziellos durch die Straßen der Stadt. Ohne sich dessen bewusst zu sein, befindet er sich plötzlich unterwegs zur Pferderennbahn. Dort angekommen fühlt Timm sich ruhig, fast heiter, und er lacht in glücklicher Erinnerung an die Sonntage, die er hier mit seinem Vater verbrachte.

M

Titelbild der Erstausgabe von »Timm Thaler« von 1962

Ein Herr mit kariertem Anzug in seiner Nähe, der sein Lachen gehört hat, betrachtet ihn aufmerksam, geht schließlich auf ihn zu und lässt ein Fünfmarkstück vor Timm zu Boden fallen. Als Timm dies aufhebt, fragt der Mann, ob er mit diesem Geld nicht eine Pferdewette abschließen wolle. Als der Unbekannte sagt, er sei mit seinem Vater bekannt gewesen, folgt Timm seinem Rat, geht zum Wettschalter, setzt auf ein bestimmtes Pferd und gewinnt viel Geld, das ihm aber von Trickbetrügern abgenommen wird.

Am folgenden Sonntag trifft Timm den karierten Herrn wieder, aber auch dieses Mal verliert er das gewonnene Geld durch die Gauner vom vergangenen Sonntag. Der merkwürdige Fremde schlägt ihm ein Geschäft vor, das er mit ihm am nächsten Sonntag abschließen will.

Der karierte Herr stand am Eingang der Rennbahn. Doch obwohl das erste Rennen schon lief, war er nicht im Geringsten ungeduldig oder aufgeregt. Er war heute die Freundlichkeit in Person. Timm musste sich mit ihm in den Gasthausgarten setzen, Limonade trinken und wieder Bienenstich essen. Der ganze Sonntag drehte sich um Bienenstich.

Bienenstich **Kuchen**

Übrigens machte der Fremde mit dem ernstesten Gesicht von der Welt solche Späße, dass Timm sich vor Lachen kugelte.

Er ist doch ein netter Kerl, dachte der Junge. Ich kann jetzt verstehen, dass mein Vater ihn mochte.

Überdies schaute der Fremde ihn mit warmen braunen Augen an, die freundlich blickten. Wenn Timm ein schärferer Beobachter gewesen wäre, hätte er wissen müssen, dass der Herr an den Sonntagen zuvor kalte wasserblaue Augen wie ein Fisch gehabt hatte. Aber Timm war kein scharfer Beobachter. Das Leben sollte ihn erst lehren, einer zu werden.

Endlich begann der karierte Herr vom Geschäft zu reden. »Mein lieber Timm«, fing er an, »ich biete dir Geld, so viel du willst. Ich kann es dir nicht in klingender Münze auf den Tisch zählen. Aber ich kann dir die Fähigkeit verleihen, jede Wette zu gewinnen, jede, verstehst du?«

Timm nickte beklommen, hörte aber genau zu. »Natürlich verleihe ich dir diese Fähigkeit nicht umsonst, das wirst du verstehen. Solch eine Fähigkeit hat ihren Wert.« Wieder ein Kopfnicken. Und dann Timms erregte Frage: »Was verlangen Sie?«

beklommen **gehemmt**

Einen Augenblick zögerte der Fremde und sah Timm nachdenklich an. »Was ich ver – lan – ge, möch – test du wis – sen?« Er zerdehnte die Wörter wie Kaugummi.

Aber dann überstürzten sich die Worte so, dass man sie kaum verstehen konnte: »…chvrlangedeinlchendfür!«

Der Fremde merkte wohl, dass er zu schnell und zu unverständlich gesprochen hatte. So wiederholte er den Satz: »Ich verlange dein Lachen dafür.«

»Mehr nicht?«, fragte Timm lachend.

Aber als die braunen Augen ihn merkwürdig, fast traurig ansahen, verstummte das Lachen ohne den gewöhnlichen Schlussschlucker.

»Also?«, fragte der karierte Herr. »Einverstanden?«

Timms Blick fiel zufällig auf den Bienenstich auf seinem Teller. Er musste an Frau Bebber und an die Schulden und an all die Dinge denken, die er mit dem vielen Geld kaufen konnte. Und er sagte: »Wenn das ein richtiges Geschäft ist, bin ich einverstanden.«

»Schön, Junge, dann wäre noch ein Vertrag zu unterschreiben.« Der karierte Herr zog ein Papier aus der Brusttasche, faltete es auseinander, legte es vor Timm auf den Tisch und sagte: »Lies ihn genau durch!«

Und Timm las:

1. *Dieser Vertrag wird zwischen Herrn L. Lefuet einerseits und Herrn Timm Thaler andererseits am ……… in …………… geschlossen und in zwei gleichlautenden Exemplaren von beiden Parteien unterschrieben.*

»Was heißt Parteien?«, fragte Timm.

»So werden die beiden Partner in Verträgen genannt!«

»Aha!«

Timm las weiter.

2. Herr Timm Thaler vermacht hiermit Herrn L. Lefuet sein Lachen zu beliebigem Gebrauche.

vermacht **übergibt**

M

Als Timm zum zweiten Male die Worte »Herr Timm Thaler« gelesen hatte, kam er sich beinahe erwachsen vor. Schon dieser drei Worte wegen war er bereit, den Vertrag zu unterschreiben. Er ahnte nicht, wie dieser kleine Punkt zwei sein ganzes Leben ändern sollte.

Er las weiter.

3. Als Entgelt für das Lachen verpflichtet sich Herr L. Lefuet, dafür zu sorgen, dass Herr Timm Thaler jede Wette gewinnt.

Entgelt **Gegenleistung**

Dies gilt ohne Einschränkung.

Timms Herz schlug höher. Weiter:

4. Beide Parteien sind verpflichtet, über diese Abmachung vollstes Stillschweigen zu bewahren.

Timm nickte vor sich hin.

5. Für den Fall, dass eine der beiden Parteien Dritten gegenüber diese Abmachung erwähnt und die im Punkt 4 festgelegte Verpflichtung zum Stillschweigen bricht, bleibt die andere Partei im Genusse der Fähigkeit a) zu lachen oder b) Wetten zu gewinnen, während die schuldige Partei die Fähigkeit a) zu lachen oder b) Wetten zu gewinnen in vollem Umfange verliert.

M

Lefuet
lies rückwärts:
Teufel

»Das habe ich nicht verstanden«, sagte Timm stirnrunzelnd. Herr L. Lefuet – jetzt wissen wir endlich seinen Namen – erklärte es ihm: »Schau, Timm, wenn du die Schweigepflicht brichst und irgendjemandem von dieser Abmachung erzählst, verlierst du die Fähigkeit, Wetten zu gewinnen, aber dein Lachen bekommst du auch nicht zurück. Wenn es umgekehrt ist und ich rede darüber, dann bekommst du dein Lachen zurück und behältst trotzdem die Fähigkeit, Wetten zu gewinnen.«

»Ich verstehe«, sagte Timm. »Schweigen heißt: Reich sein ohne Lachen. Reden heißt: Arm sein, aber auch ohne Lachen.« »Genau das, Timm. Aber lies weiter.« Und Timm las:

6. *Sollte der Fall eintreten, dass Herr Timm Thaler eine Wette verliert, so verpflichtet sich Herr L. Lefuet, Herrn Timm Thaler sein Lachen zurückzugeben. Allerdings verliert Herr Timm Thaler damit auch die Fähigkeit, weiterhin Wetten zu gewinnen.*

»Das ist so …«, wollte Herr Lefuet erklären. Aber Timm hatte es schon begriffen und fiel ihm ins Wort: »Ich weiß: Wenn ich später eine Wette verliere, dann bekomme ich mein Lachen zurück, gewinne aber keine Wette mehr.« Er las flüchtig den letzten Punkt durch:

7. *Diese Vereinbarung gilt von dem Augenblick an, in dem beide Parteien unter die zwei Exemplare ihre Unterschrift gesetzt haben.*
   Ort ………………… Datum …………

Links hatte Herr Lefuet bereits unterschrieben. Timm fand, dass dies ein ordentlicher Vertrag war. Er nahm einen Bleistiftstummel aus der Tasche und wollte unterschreiben. Aber Herr Lefuet hinderte ihn daran. »Wir müssen mit Tinte unterschreiben«, sagte er und reichte Timm einen Füllfederhalter, der aus purem Gold zu sein schien und sich merkwürdig warm anfühlte, so, als sei er mit lauwarmem Wasser gefüllt. Aber der Junge bemerkte weder das Gold noch die Wärme des Füllfederhalters. Er dachte nur an seinen künftigen Reichtum und setzte unter die beiden Dokumente kühn seinen Namen. Er unterschrieb mit roter Tinte.

Kaum war dies geschehen, als Herr Lefuet auf die allerhübscheste Weise zu lachen anfing und danke schön sagte. Timm sagte bitte sehr und versuchte ebenfalls zu lachen, aber er brachte nicht einmal ein Lächeln zustande. Seine Lippen pressten sich gegen seinen Willen aufeinander, und sein Mund wurde ein schmaler Strich.

In der Folgezeit ändert sich das Leben der Familie Thaler grundlegend. Timms Stiefmutter gewöhnt sich schnell daran, dass Timm jeden Sonntag mit seinen Wetten auf der Rennbahn viel Geld gewinnt. Timm, von dem der neue Reichtum stammt, ist der Einzige, der ihn verflucht. Da er nicht mehr lachen kann, wirft man ihm Hochmut vor, seine Mitschüler meiden ihn. Oft läuft er stundenlang durch die Stadt in der Hoffnung, Herrn Lefuet zu begegnen, um von ihm sein Lachen wiederzuerlangen. Aber dieser zeigt sich nicht. Schließlich beschließt er, die Stadt zu verlassen. Noch ein letztes Mal geht Timm zur Pferderennbahn, setzt auf den krassen Außenseiter »Süd-

wind« und überlässt die gewonnenen vierzigtausend Mark seiner Stiefmutter. Dann macht er sich auf den Weg, um in der Fremde den karierten Herrn zu suchen.

Reederei **Schifffahrtsunternehmen**

Auf der Fahrt nach Hamburg lernt Timm Herrn Rickert kennen, den freundlichen Leiter einer Reederei. Dieser nimmt ihn in Hamburg mit zu sich nach Hause. Auch Herrn Rickerts alte Mutter kümmert sich liebevoll um Timm. Gemeinsam besuchen alle drei ein Marionettentheater, in dem das Stück von der Prinzessin gespielt wird, die nicht lachen kann.

Steward **Schiffskellner**

Herr Rickert besorgt Timm eine Ausbildungsstelle als Steward auf einem Schiff seiner Reederei. Timm ist ganz überrascht, als er dort den Baron Lefuet wiedertrifft. Eines Abends belauscht er zufällig ein Gespräch zwischen dem Baron und dem Chefsteward Kreschimir. Aus diesem Gespräch erfährt er, dass der Steward ebenfalls einen Vertrag mit dem Baron Lefuet abgeschlossen und ihm seine gesunden Augen gegen Aktien vermacht hat. Kreschimir, der den Baron mit Timm Thaler auf der Rennbahn in Hamburg beobachtete und seitdem den Jungen nicht aus den Augen verloren hat, will herausbringen, welches Geschäft der Baron mit Timm abgeschlossen hat. Der Baron gibt Kreschimir seine Augen zurück, um ihn davon abzubringen, sich weiter um Timm Thaler zu kümmern. In diesem Augenblick hält es Timm Thaler nicht länger in seinem Versteck. Er stürzt auf den Baron zu, um sein Lachen zurückzufordern. Dabei stolpert er über ein Tau, fällt hin und verliert das Bewusstsein. Als er wieder wach wird, ist der Steward in seiner Kabine.

Jemand rumorte in der Koje herum. Timm drehte den Kopf. Es war Kreschimir. Auch der Steward drehte gerade den Kopf. In dem schwachen Licht, das von Kreschimirs Bettlampe kam, trafen sich ihre Blicke.

rumorte bewegte sich geräuschvoll
Koje Bett

Der Steward hatte warme braune Augen.

»Nun, mein Junge, wie fühlst du dich?«, fragte er freundlich. Timm war noch nicht recht wach. Auch vermochte er sich nicht zu erinnern, wie er hierhergekommen war. Und dieser Kreschimir, der ihn fragte, war ein anderer als der, dem er im Salon zur Hand gegangen war, ein viel ruhigerer, viel freundlicherer Kreschimir. Der Steward trat näher ans Bett. »Fühlst du dich besser, Junge?«

Nun tauchten in Timms Gedächtnis nach und nach wieder die Ereignisse des Abends auf: die Stimmen vor der Kombüsentür, das Zwiegespräch hinter dem Beiboot und sein eigener Schrei und Sturz.

Kombüsentür Küchentür

»Wo ist der Baron?«, fragte er.

»Ich weiß es nicht, Timm. Auf dem Schiff ist er nicht mehr. Aber sag mir eins: Hast du uns gestern Abend belauscht?«

Der Junge im Bett nickte. »Ich freue mich, dass Sie Ihre Augen wiederhaben, Herr Kreschimir.«

»Und du, Timm? Was wolltest du von dem Baron zurückhaben?«

»Mein …« Der Junge stockte. Ihm fiel der Vertrag ein, und er presste die Lippen zusammen.

Da schlug sich Kreschimir plötzlich mit der flachen Hand vor die Stirn. »Dass ich darauf nicht früher gekommen bin!«, rief er. »Dieser viel geehrte Gauner lacht wie ein kleiner Junge. Ich wusste doch, da war irgendetwas, das nicht zu ihm passt. Jetzt weiß ich's genau: Es war sein Lachen. Vielmehr …«, Kreschimir sah Timm voll an, »… es war dein Lachen.«

»Das habe ich Ihnen nicht gesagt!«, rief Timm. »Oder – habe ich's gestern Abend gerufen?«

Paragrafen Vertragsbestandteile

»Nein, Timm, dazu kamst du nicht. Und vielleicht ist das dein Glück. Ich kenne die Stillschweige-Paragrafen in den Verträgen des Barons. Sei beruhigt. Du hast geschwiegen.«

Aber Timm war alles andere als beruhigt. Er musste auf der Stelle erproben, ob der Vertrag noch gültig war. Er musste mit Kreschimir wetten – um irgendetwas Unwahrscheinliches.

Der Junge wollte aus dem Bett steigen. Aber als er sich aufrichtete, schwindelte es ihn, und der Kopf begann zu pochen und zu schmerzen. So legte er sich ins Kissen zurück.

Kreschimir brachte ihm ein Glas Wasser und eine Tablette, die er bereitgelegt hatte. »Nimm das ein, Timm! Du musst heute in der Koje liegen bleiben. Morgen ist alles wieder in Ordnung. Außer einer Beule fehlt dir nichts, sagt der Steuermann, und der war früher Sanitäter.«

Timm schluckte die Tablette gehorsam und dachte dabei über eine Wette nach. Als ihm eine eingefallen war, brachte er das Gespräch wieder auf den Baron, denn mit dem hatte die Wette zu tun. »Welche Bedingung hat der Baron eigentlich gestellt, Herr Kreschimir? Ich meine: als Sie Ihre alten Augen wiederhatten?«

»Gar keine«, lachte Kreschimir. »Als du gerufen hattest und auf das Deck geplumpst warst, kamen Matrosen, und der Baron zog sich ganz in den Schatten des Beibootes zurück. Da flüsterte ich ihm zu: Entweder sind mir meine Augen bedingungslos zurückgegeben, oder ich erzähle den Leuten was.«

»Und?«

Kreschimir lachte wieder: »Der Baron stotterte vor Aufregung. Er sagte: Be-be-din-gungslos!«

Timm drehte schnell den Kopf zur Wand. Der sinnlose Drang zu lachen entstellte sein Gesicht.

In Herrn Kreschimir hat Timm Thaler jemanden gefunden, der ihm zur Seite steht. Auch mit dem Steuermann Jonny schließt er Freundschaft. Durch eine erneute Wette wird Timm Thaler so reich wie der Baron Lefuet. Er bereist die ganze Welt, findet aber keine Möglichkeit, sein verkauftes Lachen zurückzubekommen. Als er auf seinen Reisen nach Hamburg kommt, weisen Herr Kreschimir, Jonny und Herr Rickert Timm Thaler den Weg, wie er den Baron Lefuet mit seinen eigenen Waffen schlagen kann. Jonny bringt Timm zum Treffpunkt in der Teufelsstiege.

Timm strauchelte; Jonny fing ihn auf und trug ihn ganz einfach die letzten Stufen hinab. Timms Blick streifte ein beleuchtetes Schild: »Teufelsstiege«.

strauchelte **stolperte**

Als Jonny den Jungen absetzte, pfiff er. Irgendwo in der Nähe pfiff es wieder.

»Tu sofort, was Kreschimir sagt«, flüsterte Jonny.

Aus dem Dunkel tauchten zwei Gestalten auf: Kreschimir und Herr Rickert. Der Kloß in Timms Kehle war diesmal mindestens apfelgroß.

»Gib mir die Hand, Timm, und wette mit mir, dass du dein Lachen wiederbekommst. Mach schnell!« Es war die vertraute Stimme Kreschimirs.

Trotz seiner Verwirrung gab Timm ihm die Hand. »Ich wette mit dir ...«

»Halt!«, schrie es hoch oben von der Treppe. »Halt!« Aber niemand war zu sehen.

Kreschimir sagte ruhig und fest: »Ich wette, dass du dein Lachen nicht zurückbekommst, Timm. Um einen Pfennig!«

»Dann wette ich ...«

»Halt!«, schrie es. Jonny flüsterte: »Weitermachen!« »Dann wette ich mit dir, dass ich mein Lachen zurückbekomme, Kreschimir. Um einen Pfennig.«

Jonny schlug die Hände durch, wie es üblich war. Dann wurde es unheimlich still.

Timm hatte gewettet, wie man es von ihm verlangt hatte; aber er begriff nicht, was eigentlich geschehen war. Ratlos und stumm stand er da. Drei vertraute Gesichter, von der entfernten Laterne halb beleuchtet, hatten sich ihm zugewandt. Sein eigenes Gesicht war dem Licht abgekehrt. Nur ein Stück seiner Stirn glänzte weiß im Dunkel.

Herrn Rickerts Blick hing wie gebannt an dieser bleichen Stirn. So hatte er Timm schon einmal gesehen, in genau der gleichen Beleuchtung. In einem Gasthaus, das nur wenige Schritte von ihnen entfernt war: beim Marionettenspiel. *Und man erkennt den Menschen stets daran, dass er zur rechten Stunde lachen kann.* War dies, so fragte sich Herr Rickert bang, die rechte Stunde?

Auch die Blicke Kreschimirs und Jonnys hingen an dieser beleuchteten Stirn, dem Einzigen, was man von Timm in der Finsternis sah.

Der Junge im Dunkel sah zu Boden. Dennoch fühlte er die fragenden Blicke. Ihm war elend zumute, obwohl er etwas aus dem Bauch heraufsteigen fühlte, etwas Leises, Leichtes, Vogelhaftes, eine Art Lerchentriller, der ins Freie drängte. Aber Timm war noch zu schwer dafür; es machte ihn hilflos. Er ließ sich das Kullern mit dem Schlucker am Schluss geschehen, wie man sich einen Schluckauf geschehen lassen muss. Er ergriff nicht Besitz von seinem alten Lachen: Das Lachen ergriff von ihm Besitz. Jetzt, da der lang ersehnte, der durch Jahre erwartete Augenblick da war – jetzt war Timm ihm nicht gewachsen. Er lachte nicht: Ihm geschah das Lachen. Er war seinem Glück ausgeliefert. Und wenn er damals im Marionettentheater bemerkt hatte, wie ähnlich sich die Gebärden des Lachens und des Weinens sind, so erfuhr er jetzt, dass Lachen und Weinen auch im Wesen manchmal kaum voneinander zu unterscheiden sind. Timm lachte und weinte in einem. Er ließ sich durchschütteln; er ließ die Tränen rinnen und die Wangen feucht werden; er ließ die Arme willenlos herunterhängen und seine Freunde Freunde sein. Ihm war, als durchlitte er seine zweite Geburt.

Gebärden **sprechende Bewegungen**

Timms drei Freunde warten geduldig, bis dieser sich beruhigt hat. Kreschimir erklärt Timm, der immer noch nicht begriffen hat, wodurch er sein Lachen zurückerlangt hat, dass er sein Lachen schon längst hätte wiederbekommen können, wenn er nämlich mit ihm darum gewettet hätte. Bei dieser Wette hätte er nämlich keinem verraten, dass er sein Lachen verloren hat. Mit ihm wäre die Wette todsicher gewesen.

Plötzlich taucht aus dem Dunkel der Baron auf. Dieser kann nicht verstehen, dass Timm auf all seinen Reich-

tum verzichten und dass er die Reederei, die er vor einiger Zeit durch eine Wette von ihm erhalten hat, zu gleichen Teilen Herrn Rickert, Kreschimir und Jonny vermachen will. Nur das bereits erworbene Marionettentheater will Timm Thaler behalten.

Jetzt steht er so arm da wie am Anfang, aber das wiedergewonnene Lachen ist für ihn in den vergangenen Jahren im Wert viel höher gestiegen als jede Aktie der Welt. Als der Baron das einsehen muss, verlässt er Timm. Jonny kommentiert seinen Abgang mit der Bemerkung: »Stinkreich, aber ein armer Teufel.«

Nach einem Besuch im Haus von Herrn Rickert zieht Timm mit einem Marionettenspiel, das er sich mit der alten Frau Rickert ausdachte, durch die Lande. Das Marionettenspiel trägt den Titel: »Das verkaufte Lachen«. Danach verläuft sich seine Spur. Irgendwann später liegt auf dem Grab seines Vaters ein Kranz, auf dessen Schleife geschrieben steht: »Ich kam wieder, als ich lachen konnte. Timm.«

Arbeitsanregungen

1. Du hast durch die wenigen Originalstellen nur einen ersten Eindruck des Jugendbuchs »Timm Thaler oder Das verkaufte Lachen« erhalten. Es lohnt sich, den ganzen Text zu lesen. Wenn du das Buch bereits kennst, könntest du weitere Situationen und/oder Einzelheiten schildern, die dich besonders beeindruckt haben. Ihr könntet in der Klasse ja einmal feststellen, wer das Jugendbuch bereits kennt und wer bereit wäre, über seine Lektüreerfahrung zu berichten.

2. Vergleiche den »Sprachabschneider« mit der Erzählung von Timm Thaler. Welche Übereinstimmungen entdeckst du? Wodurch unterscheiden sich die Lebensverhältnisse, in denen Paul und Timm aufwachsen?

3. Die Geschichte von Timm Thaler ist erfolgreich für das Fernsehen verfilmt worden. Auf dem Bild auf S. 81 findest du eine Szene aus dem Film. Welche Situation wird dargestellt? Wie unterscheiden sich an dieser Stelle Text und Film?

4. »Wo der Mensch lacht, hat der Teufel seine Macht verloren«, das sagt eine der Romanfiguren am Schluss von »Timm Thaler«. Wie verstehst du diese Aussage? Gib deine Gedanken dazu wieder. Könnte man einen ähnlichen Satz, sozusagen als Hauptaussage des Buches, auch für den »Sprachabschneider« formulieren?

M

Adalbert von Chamisso

Peter Schlemihls wundersame Geschichte ___ 1814

Im Folgenden findest du eine knappe Inhaltsangabe sowie Textauszüge aus Adalbert von Chamissos Erzählung »Peter Schlemihl«, einer Geschichte, die auch in »Timm Thaler« von James Krüss erwähnt wird. Adalbert von Chamisso hat von 1781 bis 1838 gelebt. Die Geschichte von Peter Schlemihl hat ihn weit über die Grenzen Deutschlands hinaus berühmt gemacht.

Peter Schlemihl sucht nach beschwerlicher Seereise das Haus eines wohlhabenden Mannes auf, von dem er sich ein berufliches Weiterkommen erhofft. Er trifft auf eine Festgesellschaft, in der ihm ein hochgewachsener älterer Mann auffällt, der höflich und bescheiden alle Wünsche der anwesenden Gäste erfüllt. So hat er sofort ein Pflaster zur Hand, als sich die Hausherrin an einem Rosendorn verletzt, er zieht ein Fernrohr aus der Tasche, als der Hausherr ein weit entferntes Schiff am Horizont näher betrachten will, er zaubert einen prächtigen Teppich herbei, damit die Festgesellschaft sich auf dem feuchten Rasen niederlassen kann, und zieht auch die Materialien für ein Zelt aus seiner Tasche, das den Damen Schutz vor der Sonne bietet. Als der Mann im grauen Rock sogar noch drei Rappen mit Sattel und Zaumzeug erscheinen lässt, wird es Peter Schlemihl endgültig so unheimlich, dass er unbemerkt die Gesellschaft verlässt.

Mann im grauen Rock volkstümlicher Name für den Teufel

Rappen schwarze Pferde

Bald muss er jedoch feststellen, dass der Mann im grauen Rock ihm gefolgt ist, auf ihn zutritt und ihn mit leiser unsicherer Stimme ungefähr im Ton eines Bettelnden anspricht:

Titelbild der Ausgabe von 1934

»Möge der Herr meine Zudringlichkeit entschuldigen, wenn ich es wage, ihn so unbekannterweise aufzusuchen, ich habe eine Bitte an ihn. Vergönnen Sie gnädigst –« »Aber um Gottes willen, mein Herr!«, brach ich in meiner Angst aus, »was kann ich für einen Mann tun, der –« wir stutzten beide und wurden, wie mir deucht, rot.

stutzten hielten inne
deucht schien

Er nahm nach einem Augenblick des Schweigens wieder das Wort: »Während der kurzen Zeit, wo ich das Glück genoss, mich in Ihrer Nähe zu befinden, hab ich, mein Herr, einige Mal – erlauben Sie, dass ich es Ihnen sage – wirklich mit unaussprechlicher Bewunderung den schönen, schönen Schatten betrachten können, den Sie in der Sonne und gleichsam mit einer gewissen edlen Verachtung, ohne selbst darauf zu merken, von sich werfen, den herrlichen Schatten da zu Ihren Füßen! Verzeihen Sie mir die freilich kühne Zumutung. Sollten Sie sich wohl nicht abgeneigt finden, mir diesen Ihren Schatten zu überlassen?« Er schwieg und mir gings wie ein Mühlrad im Kopfe herum. Was sollte ich aus dem seltsamen Antrag machen, mir meinen Schatten abzukaufen? Er muss verrückt sein, dachte ich, und mit verändertem Tone, der zu der Demut des seinigen besser passte, erwiderte ich also:

Demut Bescheidenheit

»Ei, ei! guter Freund, habt Ihr denn nicht an Eurem eigenen Schatten genug? das heiß ich mir einen Handel von einer ganz absonderlichen Sorte!« Er fiel sogleich wieder ein: »Ich hab in meiner Tasche manches, was dem Herrn nicht ganz unwert scheinen möchte; für diesen unschätzbaren Schatten halt ich den höchsten Preis zu gering.«

heiß nenne

Nun überfiel es mich wieder kalt, da ich an die Tasche erinnert ward, und ich wusste nicht, wie ich ihn hatte *gu-*

ter Freund nennen können. Ich nahm wieder das Wort und suchte es wo möglich mit unendlicher Höflichkeit wiedergutzumachen.

»Aber, mein Herr, verzeihen Sie Ihrem untertänigsten Knecht. Ich verstehe wohl Ihre Meinung nicht ganz gut, wie könnte ich nur meinen Schatten –« Er unterbrach mich: »Ich erbitte mir nur Dero Erlaubnis, hier auf der Stelle diesen edlen Schatten aufheben zu dürfen und zu mir zu stecken, wie ich das mache, sei meine Sorge. Dagegen als Beweis meiner Erkenntlichkeit gegen den Herrn überlasse ich ihm die Wahl unter allen Kleinodien, die ich in der Tasche bei mir führe: die echte Springwurzel, die Alraunwurzel, Wechselpfennige, Raubtaler, das Tellertuch von Rolands Knappen, ein Galgenmännlein zu beliebigem Preis; doch, das wird wohl nichts für Sie sein: besser, Fortunati Wünschhütlein, neu und haltbar wieder restauriert; auch ein Glückssäckel, wie der seine gewesen.« – »Fortunati Glückssäckel?«, fiel ich ihm in die Rede, und wie groß meine Angst auch war, hatte er mit dem einen Wort meinen ganzen Sinn gefangen. Ich bekam einen Schwindel, und es flimmerte mir wie doppelte Dukaten vor den Augen.

»Belieben gnädigst der Herr diesen Säckel zu besichtigen und zu erproben.« Er steckte die Hand in die Tasche und zog einen mäßig großen, fest genähten Beutel, von starkem Korduanleder, an zwei tüchtigen ledernen Schnüren heraus und händigte mir selbigen ein. Ich griff hinein und zog zehn Goldstücke daraus, und wieder zehn, und wieder zehn, und wieder zehn; ich hielt ihm schnell die Hand hin: »Topp! der Handel gilt! Für den Beutel haben Sie meinen Schatten!« Er schlug ein, kniete dann

untertänigsten ergebensten

Dero Ihre

Kleinodien Kostbarkeiten

Springwurzel
Alraunwurzel Zauberpflanzen

Wechselpfennige Kupfermünzen, die umgedreht Goldstücke werden

Raubtaler Taler, die zu ihrem Herrn zurückkehren

Fortunati Wunschhütlein Hut, der seinen Besitzer an jeden Ort bringt

restauriert wiederhergestellt

Glückssäckel unerschöpflicher Geldsack

Belieben Wollen

ungesäumt ohne Zögern

mich dünkt mir schien

ungesäumt vor mir nieder, und mit einer bewundernswürdigen Geschicklichkeit sah ich ihn meinen Schatten, vom Kopf bis zu meinen Füßen, leise von dem Grase lösen, aufheben, zusammenrollen und falten und zuletzt einstecken. Er stand auf, verbeugte sich noch einmal vor mir und zog sich nach dem Rosengebüsche zurück. Mich dünkt, ich hörte ihn da leise für sich lachen. Ich aber hielt den Beutel bei den Schnüren fest, rund um mich her war die Erde sonnenhell, und in mir war noch keine Besinnung.

Ich kam endlich wieder zu Sinnen, und eilte, diesen Ort zu verlassen, wo ich hoffentlich nichts mehr zu tun hatte. Ich füllte erst meine Taschen mit Gold, dann band ich mir die Schnüre des Beutels um den Hals fest und verbarg ihn selbst auf meiner Brust. Ich kam unbeachtet aus dem Park, erreichte die Landstraße und nahm meinen Weg nach der Stadt. Wie ich in Gedanken dem Tore zuging, hörte ich hinter mir schreien: »Junger Herr! he! junger Herr! hören Sie doch!« Ich sah mich um, ein altes Weib rief mir nach: »Sehe sich der Herr doch vor: Sie haben Ihren Schatten verloren!« – »Danke Mütterchen!« – ich warf ihr ein Goldstück für den wohlgemeinten Rat hin und trat unter die Bäume.

Schildwacht Wachposten

verdrießen ärgern

Am Tore musst ich gleich wieder von der Schildwacht hören: »Wo hat der Herr seinen Schatten gelassen?« und gleich wieder darauf von ein paar Frauen: »Jesus Maria! der arme Mensch hat keinen Schatten!« Das fing an, mich zu verdrießen, und ich vermied sehr sorgfältig, in die Sonne zu treten. Das ging aber nicht überall an, zum Beispiel nicht über die Breitestraße, die ich zunächst durchkreuzen musste, und zwar zu meinem Unheil in eben der Stunde, wo die Knaben aus der Schule gingen. Ein ver-

M

hatte es gleich weg bemerkte gleich
rezensieren hier: verurteilen
Kot Dreck

dammter buckeliger Schlingel, ich seh ihn noch, hatte es gleich weg, dass mir ein Schatten fehle. Er verriet mich mit großem Geschrei der sämtlichen literarischen Straßenjugend der Vorstadt, welche sofort mich zu rezensieren und mit Kot zu bewerfen anfing. »Ordentliche Leute pflegten ihren Schatten mit sich zu nehmen, wenn sie in die Sonne gingen!« Um sie von mir abzuwehren, warf ich Gold zu vollen Händen unter sie und sprang in einen Mietswagen, zu dem mir mitleidige Seelen verhalfen.

Tugend Anstand, Sitte

Sobald ich mich in der rollenden Kutsche allein fand, fing ich bitterlich an zu weinen. Es musste schon die Ahnung in mir aufsteigen: dass, um so viel das Gold auf Erden Verdienst und Tugend überwiegt, um so viel der Schatten höher als selbst das Gold geschätzt werde; und wie ich früher den Reichtum meinem Gewissen aufgeopfert, hatte ich jetzt den Schatten für bloßes Gold hingegeben; was konnte, was sollte auf Erden aus mir werden!

Peter Schlemihl mietet Zimmer im vornehmsten Hotel des Ortes und berauscht sich an dem vielen Gold, das er aus dem Säckel herauszieht. Am nächsten Morgen wagt er nicht, das Haus zu verlassen. Er lässt Kaufleute ins Hotel kommen und kauft Unmengen von Kostbarkeiten und Edelsteinen, nur um etwas von seinem Gold loszuwerden. Der Wirt besorgt ihm den Diener Bendel, der ihm in der nächsten Zeit treu zur Seite steht.

In der folgenden mondhellen Nacht macht Peter Schlemihl einen erneuten Versuch, und er wagt sich aus dem Haus. Aber er erfährt nur tiefstes Mitleid von Frauen und hochmütige Verachtung der Männer, als sie feststellen, dass er keinen Schatten wirft. Voller Verzweiflung schickt er am nächsten Morgen seinen Diener Bendel aus, um den Mann im grauen Rock zu finden. Er will das Geschäft rückgängig machen. Bendel kehrt mit der Nachricht des grauen Mannes zurück, dieser werde nach Ablauf eines Jahres wiederkommen und ihm ein neues Geschäft vorschlagen.

Peter Schlemihl verliebt sich in Minna, die Tochter eines Forstmeisters. Als der Vater erfährt, dass der Bewerber um die Hand seiner Tochter keinen Schatten hat, weist er ihn mit dem Hinweis ab, er werde seine Tochter am vierten Tag mit einem anderen verheiraten, wenn es ihm nicht gelingen würde, innerhalb von drei Tagen mit einem wohlangepassten Schatten vor ihm zu erscheinen.

Voller Verzweiflung macht sich Peter Schlemihl auf die Suche nach dem Mann im grauen Rock, der unerwartet auftaucht und ihn eindringlich ermahnt, er solle doch Rat annehmen und seinen Schatten wieder eintauschen, auch das Geldsäckel könne er behalten. Als Gegenleistung verlangt der Mann nur eine Kleinigkeit, wie er sagt, nämlich die Unterschrift auf einem Zettel, auf dem geschrieben steht:

> Kraft dieser meiner Unterschrift vermache ich dem Inhaber dieses meine Seele nach ihrer natürlichen Trennung von meinem Leibe.

Der graue Unbekannte, der sich als armer Teufel bezeichnet, der auf Erden mit seinem Experimentieren ein wenig Spaß sucht, drängt Peter Schlemihl zur Unterschrift. Dem erscheint es jedoch bedenklich, seine Seele gegen seinen Schatten einzutauschen, und er bleibt auch bei seiner Ablehnung, als der Teufel ihm eindringlich vor Augen hält, dass er damit auf die Hand seiner geliebten Minna und die Erfüllung all seiner Wünsche verzichtet.

Der Teufel lässt Peter Schlemihl im Schutz einer Tarnkappe miterleben, wie Minna sich dem Willen des Vaters beugt und einen anderen heiratet. Peter Schlemihl aber macht dem Teufel endgültig klar, dass er dennoch nichts mehr mit ihm zu tun haben will. Er wirft den Geldsäckel in einen Abgrund und verabschiedet sich vom Teufel mit den Worten: »So beschwör ich dich im Namen Gottes, Entsetzlicher! hebe dich von dannen und lasse dich nie wieder vor meinen Augen blicken!«

Darauf verschwindet der Teufel auf Nimmerwiedersehen. Peter Schlemihl fühlt sich erleichtert. Aber wieder muss er erleben, wie ein alter Bauer, den er unterwegs trifft und mit dem er ein Gespräch anfängt, ihn sofort verlässt, als er bemerkt, dass sein Wegbegleiter keinen Schatten hat. Damit ist die Heiterkeit dahin, die er für kurze Zeit empfunden hat.

Ich setzte traurigen Herzens meinen Weg fort und suchte ferner keines Menschen Gesellschaft. Ich hielt mich im dunkelsten Walde und musste manchmal, um über einen Strich, wo die Sonne schien, zu kommen, stundenlang darauf warten, dass mir keines Menschen Auge den Durchgang verbot. Am Abend suchte ich Herberge in den Dörfern zu nehmen. Ich ging eigentlich nach einem Bergwerk im Gebirge, wo ich Arbeit unter der Erde zu finden gedachte; denn, davon abgesehen, dass meine jetzige Lage mir gebot, für meinen Lebensunterhalt selbst zu sorgen, hatte ich dieses wohl erkannt, dass mich allein angestrengte Arbeit gegen meine zerstörenden Gedanken schützen könnte.

Ein paar regnichte Tage förderten mich leicht auf dem Weg, aber auf Kosten meiner Stiefel, deren Sohlen für den *Grafen Peter* und nicht für den Fußknecht berechnet worden. Ich ging schon auf den bloßen Füßen. Ich musste ein Paar neue Stiefel anschaffen. Am nächsten Morgen besorgte ich dieses Geschäft mit vielem Ernst in einem Flecken, wo Kirmes war, und wo in einer Bude alte und neue Stiefel zu Kauf standen. Ich wählte und handelte lange. Ich musste auf ein Paar neue, die ich gern gehabt hätte, Verzicht leisten; mich schreckte die unbillige Forderung. Ich begnügte mich also mit alten, die noch gut und stark waren und die mir der schöne blondlockige

regnichte **regnerische**
förderten **halfen mir**

Flecken **kleiner Ort**
Kirmes **Jahrmarkt**

unbillige **überhöhte**

M

Knabe, der die Bude hielt, gegen gleich bare Bezahlung freundlich lächelnd einhändigte, indem er mir Glück auf den Weg wünschte. Ich zog sie gleich an und ging zum nördlich gelegenen Tor aus dem Ort.

einhändigte übergab

Ich war in meinen Gedanken sehr vertieft, und sah kaum, wo ich den Fuß hinsetzte, denn ich dachte an das Bergwerk, wo ich auf den Abend noch anzulangen hoffte, und wo ich nicht recht wusste, wie ich mich ankündigen sollte. Ich war noch keine zweihundert Schritte gegangen, als ich bemerkte, dass ich aus dem Wege gekommen war; ich sah mich danach um, ich befand mich in einem wüsten, uralten Tannenwalde, woran die Axt nie gelegt worden zu sein schien. Ich drang noch einige Schritte vor, ich sah mich mitten unter öden Felsen, die

öden kargen

nur mit Moos und Steinbrucharten bewachsen waren und zwischen welchen Schnee- und Eisfelder lagen. Die Luft war sehr kalt; ich sah mich um: Der Wald war hinter mir verschwunden. Ich machte noch einige Schritte – um mich herrschte die Stille des Todes, unabsehbar dehnte sich das Eis, worauf ich stand, und worauf ein dichter Nebel schwer ruhte; die Sonne stand blutig am Rande des Horizontes. Die Kälte war unerträglich. Ich wusste nicht, wie mir geschehen war, der erstarrende Frost zwang mich, meine Schritte zu beschleunigen, ich vernahm nur das Gebrause ferner Gewässer, ein Schritt, und ich war am Eisufer eines Ozeans. Unzählbare Herden von Seehunden stürzten sich vor mir rauschend in die Flut. Ich folgte diesem Ufer, ich sah wieder nackte Felsen, Land, Birken- und Tannenwälder, ich lief noch ein paar Minuten gerade vor mir hin. Es war erstickend heiß, ich sah mich um, ich stand zwischen schön gebauten Reisfeldern unter Maulbeerbäumen. Ich setzte mich in deren Schatten, ich sah nach meiner Uhr, ich hatte vor nicht einer Viertelstunde den Marktflecken verlassen – ich glaubte zu träumen, ich biss mich in die Zunge, um mich zu erwecken; aber ich wachte wirklich. – Ich schloss die Augen zu, um meine Gedanken zusammenzufassen. – Ich hörte vor mir seltsame Silben durch die Nase zählen; ich blickte auf: zwei Chinesen, an der asiatischen Gesichtsbildung unverkennbar, wenn ich auch ihrer Kleidung keinen Glauben beimessen wollte, redeten mich mit landesüblichen Begrüßungen in ihrer Sprache an; ich stand auf und trat zwei Schritte zurück. Ich sah sie nicht mehr, die Landschaft war ganz verändert: Bäume, Wälder, statt der Reisfelder. Ich betrachtete diese Bäume

Steinbrucharten **eigtl. Steinbrecharten (Pflanzen)**

Maulbeerbäume **hohe Bäume aus dem Mittelmeerraum**

und die Kräuter, die um mich blühten; die ich kannte, waren südöstlich asiatische Gewächse; ich wollte auf den einen Baum zugehen, ein Schritt – und wiederum alles verändert. Ich trat nun an, wie ein Rekrut, der geübt wird, und schritt langsam, gesetzt einher. Wunderbar veränderliche Länder, Fluren, Auen, Gebirge, Steppen, Sandwüsten entrollten sich vor meinem staunenden Blick; es war kein Zweifel, ich hatte Siebenmeilenstiefel an den Füßen.

Rekrut **Soldat in der Ausbildung**
Fluren **nutzbare Landflächen**
Auen **Wiesen**

So durcheilt Peter Schlemihl die Länder der Erde. Gerührt sieht er ein, dass er durch frühe Schuld zwar von der menschlichen Gesellschaft ausgeschlossen wurde, dass er jetzt aber die Chance hat, die Natur zu erforschen. An einem abgelegenen Ort in Ägypten findet er sein Zuhause. Von hier aus bricht er immer wieder auf, um die Welt zu durchforschen. Immer, wenn er irgendwo verweilen will, zieht er Hemmschuhe über die Siebenmeilenstiefel, die seinen Schritt auf das normale Maß verkürzen. So weit seine Stiefel reichen, lernt er die Erde und das Leben auf ihr gründlicher kennen als vor ihm irgendein Mensch. Seine Erkenntnisse und Erfahrungen veröffentlicht er in zahlreichen Werken. Über sein Lebensende ist nichts bekannt.

Arbeitsanregungen

1. Paul verliert wesentliche Teile seiner Sprache, Timm Thaler sein Lächeln und Peter Schlemihl seinen Schatten. Welche Auswirkungen hat dieser Verlust für sie? Wie reagieren ihre Mitmenschen darauf?

2. Nachdem Vielolog, Baron Lefuet und der Mann im grauen Rock mit ihren Partnern einen Vertrag abgeschlossen haben, reagieren alle drei auf die gleiche Weise. Suche dazu die entsprechenden Textstellen. Wie reagieren diese Figuren? Was drückt deiner Meinung nach ihr Verhalten aus?

3. Wie du im Lexikon feststellen kannst, gibt es unterschiedliche Festlegungen des alten Wegemaßes Meile. Adalbert von Chamisso bezieht sich auf die deutsche Landmeile, die 7,5 km umfasst.
   Peter Schemihl legt mit einem Schritt sieben Meilen zurück. Das sind also 52,5 km. So kann er mit etwa 200 Schritten bereits im Nordosten Sibiriens sein. Inwiefern bedeutet der Erwerb der Siebenmeilenstiefel für ihn die Rettung aus seiner verzweifelten Situation? Begründe deine Meinung.

4. In Ludwig Bechsteins Märchen »Der kleine Däumling« kommen auch Siebenmeilenstiefel vor. Wodurch unterscheiden sie sich von den Siebenmeilenstiefeln Peter Schlemihls? Kannst du das Märchen in deiner Klasse erzählen?

M

Brüder Grimm

Rumpelstilzchen 1812

Es war einmal ein Müller, der war arm, aber er hatte eine schöne Tochter. Nun traf es sich, dass er mit dem König zu sprechen kam, und um sich ein Ansehen zu geben, sagte er zu ihm: »Ich habe eine Tochter, die kann Stroh zu Gold spinnen.« Der König sprach zum Müller: »Das ist eine Kunst, die mir wohl gefällt, wenn deine Tochter so geschickt ist, wie du sagst, so bring sie morgen in mein Schloss, da will ich sie auf die Probe stellen.«

Als nun das Mädchen zu ihm gebracht ward, führte er es in eine Kammer, die ganz voll Stroh lag, gab ihr Rad und Haspel und sprach: »Jetzt mache dich an die Arbeit, und wenn du diese Nacht durch bis morgen früh dieses Stroh nicht zu Gold versponnen hast, so musst du sterben.«

Haspel Garnwinde

Darauf schloss er die Kammer selbst zu, und sie blieb allein darin.

Da saß nun die arme Müllerstochter und wusste um ihr Leben keinen Rat: Sie verstand gar nichts davon, wie man Stroh zu Gold spinnen konnte, und ihre Angst ward immer größer, dass sie endlich zu weinen anfing. Da ging auf einmal die Türe auf, und trat ein kleines Männchen herein und sprach: »Guten Abend, Jungfer Müllerin, warum weint Sie so sehr?«

»Ach«, antwortete das Mädchen, »ich soll Stroh zu Gold spinnen und verstehe das nicht.« Sprach das Männchen: »Was gibst du mir, wenn ich dir's spinne?«

»Mein Halsband«, sagte das Mädchen. Das Männchen nahm das Halsband, setzte sich vor das Rädchen, und

schnurr, schnurr, schnurr, dreimal gezogen, war die Spule voll. Dann steckte es eine andere auf, und schnurr, schnurr, schnurr, dreimal gezogen, war auch die zweite voll. Und so ging's fort bis zum Morgen, da war alles Stroh versponnen, und alle Spulen waren voll Gold. Bei Sonnenaufgang kam schon der König, und als er das Gold erblickte, erstaunte er und freute sich, aber sein Herz ward nur noch goldgieriger.

Er ließ die Müllerstochter in eine andere Kammer voll Stroh bringen, die noch viel größer war, und befahl ihr, das auch in einer Nacht zu spinnen, wenn ihr das Leben lieb wäre.

Das Mädchen wusste sich nicht zu helfen und weinte, da ging abermals die Türe auf, und das kleine Männchen erschien und sprach: »Was gibst du mir, wenn ich dir das Stroh zu Gold spinne?«

»Meinen Ring von dem Finger«, antwortete das Mädchen. Das Männchen nahm den Ring, fing wieder an zu schnurren mit dem Rade und hatte bis zum Morgen alles Stroh zu glänzendem Gold gesponnen.

Der König freute sich über die Maßen bei dem Anblick, war aber noch immer nicht Goldes satt, sondern ließ die Müllerstochter in eine noch größere Kammer voll Stroh bringen und sprach: »Die musst du noch in dieser Nacht verspinnen: Gelingt dir's aber, so sollst du meine Gemahlin werden.«

Wenn's auch eine Müllerstochter ist, dachte er, eine reichere Frau finde ich in der ganzen Welt nicht.

Als das Mädchen allein war, kam das Männlein zum dritten Mal wieder und sprach: »Was gibst du mir, wenn ich dir noch diesmal das Stroh spinne?«

»Ich habe nichts mehr, das ich geben könnte«, antwortete das Mädchen.

»So versprich mir, wenn du Königin wirst, dein erstes Kind.«

Wer weiß, wie das noch geht, dachte die Müllerstochter und wusste sich auch in der Not nicht anders zu helfen; sie versprach also dem Männchen, was es verlangte, und das Männchen spann dafür noch einmal das Stroh zu Gold. Und als am Morgen der König kam und alles fand, wie er gewünscht hatte, so hielt er Hochzeit mit ihr, und die schöne Müllerstochter ward eine Königin.

Über ein Jahr brachte sie ein schönes Kind zur Welt und dachte gar nicht mehr an das Männchen, da trat es plötzlich in ihre Kammer und sprach: »Nun gib mir, was du versprochen hast.«

Die Königin erschrak und bot dem Männchen alle Reichtümer des Königreichs an, wenn es ihr das Kind lassen wollte, aber das Männchen sprach: »Nein, etwas Lebendes ist mir lieber als alle Schätze der Welt.« Da fing die Königin so an zu jammern und zu weinen, dass das Männchen Mitleiden mit ihr hatte. »Drei Tage will ich dir Zeit lassen«, sprach es. »Wenn du bis dahin meinen Namen weißt, so sollst du dein Kind behalten.«

Nun besann sich die Königin die ganze Nacht über auf alle Namen, die sie jemals gehört hatte, und schickte einen Boten über Land, der sollte sich erkundigen weit und breit, was es sonst noch für Namen gäbe. Als am andern Tag das Männchen kam, fing sie an mit Kaspar, Melchior, Balzer und sagte alle Namen, die sie wusste, nach der Reihe her, aber bei jedem sprach das Männlein:

»So heiß ich nicht.«

M

Den zweiten Tag ließ sie in der Nachbarschaft herumfragen, wie die Leute da genannt würden, und sagte dem Männlein die ungewöhnlichsten und seltsamsten Namen vor: »Heißt du vielleicht Rippenbiest oder Hammelswade oder Schnürbein?«

Aber es antwortete immer: »So heiß ich nicht.«

Den dritten Tag kam der Bote wieder zurück und erzählte: »Neue Namen habe ich keinen einzigen finden können, aber wie ich an einen hohen Berg um die Waldecke kam, wo Fuchs und Has sich gute Nacht sagen, so sah ich da ein kleines Haus, und vor dem Haus brannte ein Feuer, und um das Feuer sprang ein gar zu lächerliches Männchen, hüpfte auf einem Bein und schrie:

›*Heute back ich, morgen brau ich,*
übermorgen hol ich der Königin ihr Kind;
ach, wie gut ist, dass niemand weiß,
dass ich Rumpelstilzchen heiß!‹.«

Da könnt ihr denken, wie die Königin froh war, als sie den Namen hörte, und als bald hernach das Männlein hereintrat und fragte: »Nun, Frau Königin, wie heiß ich?«, fragte sie erst:

»Heißest du Kunz?«

»Nein.«

»Heißest du Heinz?«

»Nein.«

»Heißest du etwa Rumpelstilzchen?«

»Das hat dir der Teufel gesagt, das hat dir der Teufel gesagt«, schrie das Männlein und stieß mit dem rechten Fuß vor Zorn so tief in die Erde, dass es bis an den Leib hineinfuhr, dann packte es in seiner Wut den linken Fuß mit beiden Händen und riss sich selbst mitten entzwei.

Arbeitsanregungen

1. Sicherlich gehörten Märchen zu den Lektüren in der Kindheit von Hans Joachim Schädlich. Einige Anregungen zu seiner Geschichte könnte er in »Rumpelstilzchen« von den Brüdern Grimm gefunden haben. Welche Gemeinsamkeiten entdeckst du, wenn du den »Sprachabschneider« mit dem Märchen vergleichst?

2. Die Bilder auf S. 109 und S. 112 stellen Szenen aus dem Märchen »Rumpelstilzchen« von den Brüdern Grimm dar. Beschreibe sie. Welche Situationen des Märchens werden hier dargestellt? Versetze dich in die Figuren und gib das Gespräch wieder, das sie führen. Verwende dabei eigene Formulierungen.

3. In beiden Texten müssen von den Hauptfiguren zum Schluss besondere Aufgaben gelöst werden. Warum? Wie reagiert Vielolog auf die Lösung des gestellten Rätsels / der gestellten Aufgabe, und wie verhält sich Rumpelstilzchen? Wodurch unterscheiden sich die beiden Aufgaben?

4. Welche anderen Texte kennst du, in denen ein Zauberer oder Zauberwesen Wünsche erfüllt, wenn ihm dafür etwas versprochen wird? Wird das gegebene Versprechen dabei auch eingehalten?

M

Der Zauberkasten von Vielolog

Laute

Vokale Selbstlaute
a, e, i, o, u

Konsonanten Mitlaute
b, c, d, f, g, h etc.

Umlaute
ä, ö, ü

Diphthonge Doppellaute
ei, eu, au etc.

Silben

Präfix Vorsilbe
ver-, zer-, ge- etc.

Suffix Nachsilbe
-heit, -keit, -ung, -is etc.

Stammsyllabe
Grundsilbe eines Wortes

Wortarten

Nomen/Substantiv
Hauptwort

Artikel
Geschlechtswort/
Begleiter

Pronomen
Fürwort

Verb
Tätigkeitswort

Adjektiv
Eigenschaftswort

Adverb
Umstandswort

Präposition
Verhältniswort

Numerale
Zahlwort

Interjektion
Ausrufe-/
Empfindungswort

Konjunktion
Bindewort

Verträge

Präpositionen

Wie die Vorsilbe »prä-« (= vor) ausdrückt, stehen Präpositionen (Verhältniswörter) im Allgemeinen vor einem Bezugswort und stellen ein Verhältnis zwischen zwei Sachen oder Sachverhalten dar.

*Himbeereis **mit** Sahne*
*Sie fahren **in** die Heide.*

Das Wort, auf das sich die Präposition bezieht, steht in einem bestimmten Kasus (Fall), der von der Präposition festgelegt wird. Daher sagt man: Die Präposition regiert einen bestimmten Fall, nämlich den Genitiv, Dativ oder Akkusativ (2., 3. oder 4. Fall).

***Wegen eines Schnupfens** fehlte Paul in der Schule.* (Genitiv)
*Sein Essen steht **auf dem Tisch**.* (Dativ)
*Er betritt die Schule **durch den Nebeneingang**.* (Akkusativ)

Präpositionen können verschiedene Arten von Verhältnissen bezeichnen:

- lokale (örtliche): *Das Bild hängt **an** der Wand.*
- temporale (zeitliche): ***Seit** Ostern ist das Wetter schön.*
- kausale (begründende): ***Aus** Angst schwieg Paul.*
- modale (Art und Weise): *Er las das Buch **ohne** Interesse.*

Einige Präpositionen können mit dem folgenden bestimmten Artikel zu einem Wort verschmelzen:

*Der Lehrer tritt **ins** (in das) Klassenzimmer.*
*Paul fährt **zur** (zu der) Schule.*

M

Die Mehrzahl der lokalen Präpositionen kann zwei Fälle regieren. Wird durch sie eine Bewegung oder Richtung ausgedrückt, so stehen sie mit dem Akkusativ. Das Beziehungswort antwortet auf die Frage: *Wohin*?

*Ich lege das Buch **auf den Tisch.***
***Wohin** lege ich das Buch?*

Wird durch sie eine bestimmte Lage oder Stellung ausgedrückt, so stehen sie mit dem Dativ. Das Beziehungswort antwortet auf die Frage: *Wo?*

*Das Buch liegt **auf dem Tisch.***
***Wo** liegt das Buch?*

Artikel

Der Artikel (Geschlechtswort) wird als Begleiter des Substantivs (Hauptwort) verwendet und gibt das Genus (Geschlecht), den Kasus (Fall) und den Numerus (Einzahl oder Mehrzahl) an. Er stimmt mit dem dazugehörigen Substantiv überein. Es gibt
– bestimmte Artikel: *der, die, das*
– unbestimmte Artikel: *ein, eine, ein*

Tierschau im Zirkus:
Emil und Otto besuchen in einem Zirkus auch die Tierschau. Sie unterhalten sich vor dem Löwenkäfig.
Emil: »Hast du früher schon mal einen Löwen gesehen?«
Otto: »Ja, in einem Zoo.«
Emil: »Meinst du den Zoo in unserer Stadt?«
Otto: »Ja, aber der Löwe in unserem Zoo ist viel kleiner

als dieser hier. Außerdem heißt er Leopold und nicht Leo wie der Löwe in diesem Käfig.«

In diesem Text findest du mehrere unbestimmte und bestimmte Artikel.

Emil und Otto besuchen in ***einem*** *Zirkus auch die Tierschau.*

Es wird nicht angegeben, um welchen Zirkus es sich handelt. Deshalb wird der unbestimmte Artikel benutzt.

Emil und Otto besuchen in einem Zirkus auch ***die*** *Tierschau.*

Hier steht der bestimmte Artikel, da genau die Tierschau gemeint ist, die es in dem bereits erwähnten Zirkus gibt.

Verbformen

Von allen Wortarten hat das Verb (Tätigkeitswort) die wichtigste Aufgabe. Ohne Verben kann kaum ein Satz gebildet werden. Mit Verben werden Handlungen, Vorgänge oder Zustände ausgedrückt. Es gibt

- Handlungsverben: *laufen, spielen, fahren*
- Vorgangsverben: *blühen, wachsen, gedeihen*
- Zustandsverben: *liegen, stehen, bleiben*

Verben sind veränderlich, man kann sie konjugieren (beugen/verändern). Der Infinitiv (Nennform) ist die Grundform des Verbs, er ist nicht veränderbar:

laufen, blühen, liegen

Der Infinitiv ist eine unbestimmte Form, er enthält keine Informationen über Person (ich, du, er/sie/es, wir, ihr, sie), Numerus (Einzahl oder Mehrzahl) und Tempus (Zeit). Die finiten (bestimmten) Verbformen hingegen enthalten diese Informationen:

- Person: *ich renne, du rennst*
- Numerus: *sie rennt, sie rennen*
- Tempus: *er rennt, er rannte, er wird rennen*

Genau diese finiten Verbformen verlangt Vielolog von Paul. Dieser kann daher nicht mehr mit der Verbform ausdrücken, wer an der Handlung beteiligt ist und wann die Handlung geschieht.

Pronomen

Das Pronomen (Fürwort) kann das Nomen/Substantiv (Hauptwort) vertreten. Es steht, wie der Name sagt, für das Nomen. Das Pronomen ist wichtig für die Gestaltung von Texten, denn es ermöglicht den Bezug auf Personen, Dinge oder Sachverhalte, über die bereits gesprochen wurde:

> *Nachdem Paul den Vertrag mit dem Sprachabschneider geschlossen hatte, bekam* ***er*** *Probleme,* ***sich*** *richtig auszudrücken. Deshalb lachten* ***ihn seine*** *Mitschüler in der Schule aus.*

Man gebraucht Pronomen häufig deshalb, weil man Wiederholungen wie die folgenden vermeiden will:

Paul geht mit Pauls Freund Bruno in den Zirkus. Dort will Paul die Löwen sehen, weil Paul zu Hause ein Buch über die Löwen gelesen hat.

So klingt der Text holperig und umständlich. Mit Pronomen ist er nicht nur verständlicher, sondern auch flüssiger zu lesen. Also:

Paul geht mit ***seinem*** *Freund Bruno in den Zirkus. Dort will* ***er*** *die Löwen sehen, weil* ***er*** *zu Hause ein Buch über* ***sie*** *gelesen hat.*

Pronomen ersetzen nicht nur Substantive, sie treten auch als ihr Begleiter auf. Dabei ähneln sie dem Artikel, sie bestimmen das Substantiv näher.

Das/Dieses/Dein/Dasselbe *Fahrrad ist gestohlen worden.*

Die Wortart Pronomen lässt sich in unterschiedliche Gruppen unterteilen:

Das **Personalpronomen** (persönliches Fürwort) stellt, wie der Name sagt, Beziehungen zu Personen her. Es zeigt an

- wer spricht: *ich, wir*
- wer angesprochen wird: *du, ihr*
- über welche Person (Sache) gesprochen wird: *er/sie/es*

Das **Possessivpronomen** (besitzanzeigendes Fürwort) zeigt ein Besitzverhältnis oder allgemein die Zugehörigkeit an:

*Paul will **seinen** Vertrag mit dem Sprachabschneider rückgängig machen.*
*Susanne fährt mit **ihrem** Fahrrad zur Schule.*

Das **Demonstrativpronomen** (hinweisendes Fürwort) verweist mit Nachdruck auf eine Person oder Sache. Die Demonstrativpronomen treten wie die Artikel als Begleiter eines Substantivs auf:

***Das** Spiel ist langweilig./**Dieses** Spiel ist langweilig.*

Mit dem **Interrogativpronomen** (fragendes Fürwort) werden Fragesätze eingeleitet:

***Wer** hat den Sprachabschneider gesehen?*
***Was** gibt es heute zum Abendbrot?*

Das **Indefinitpronomen** (unbestimmtes Fürwort) hat eine unbestimmte Bedeutung. Es wird gebraucht, wenn Personen oder Sachen einzeln oder in Gruppen nicht näher bestimmt werden sollen.

*Paul wollte **jemanden** treffen, der **etwas** mehr als er über den Sprachabschneider wusste.*

Das **Reflexivpronomen** (rückbezügliches Fürwort) weist im Allgemeinen auf das Subjekt des Satzes zurück und zeigt an, dass sich das Geschehen auf die Person oder Sache bezieht, die vom Subjekt genannt wird.

*Paul ärgerte **sich**, dass er von seinen Mitschülern nicht mehr ernst genommen wurde.*

Die Form *sich* bezieht sich immer auf die dritte Person, für die erste und zweite Person werden *mich, dich, uns, euch* hilfsweise verwendet.

Das **Relativpronomen** (bezügliches Fürwort) leitet Relativsätze ein. Diese Sätze treten überall dort auf, wo es gilt, eine Person, einen Gegenstand oder einen Sachverhalt durch eine weitere Aussage zu benennen oder näher zu bestimmen.

Paul, ***der/welcher*** *mit dem Sprachabschneider einen Vertrag geschlossen hat, freut sich, dass er in Zukunft keine Hausaufgaben mehr zu machen braucht.*

Arbeitsanregungen

M

1. Unterhaltet euch in einem Rollenspiel, das ihr in Gruppen vorbereitet habt, über den Verlauf der letzten Deutschstunde und verzichtet dabei auf den Gebrauch von Präpositionen und bestimmten Artikeln. Wie wirkt das Gespräch auf euch? Was kann Paul nicht mehr ausdrücken, wenn er die Präpositionen und die bestimmten Artikel nicht mehr verwendet?

2. Führt das Gespräch ein zweites Mal durch. Nun dürft ihr die Präpositionen und die bestimmten Artikel verwenden, von den Verbformen aber nur noch den Infinitiv gebrauchen. Was bedeutet das für euch als Gesprächsteilnehmer? Wo liegen jetzt für euch die Hauptschwierigkeiten? Welche Informationen könnt ihr nicht mehr weitergeben, wenn ihr nur noch die infinite Form des Verbs benutzt?

3. Unterstreiche in dem Text »Tierschau im Zirkus« (S. 117 f.) die weiteren bestimmten und unbestimmten Artikel mit unterschiedlichen Farben und erkläre, warum gerade dieser Artikel im vorliegenden Sinnzusammenhang gebraucht wird.

4. Verdeutliche Pauls Schwierigkeiten anhand bestimmter Situationen, die im Text dargestellt werden (z. B. Fußballspiel, Zirkus etc.).

M

5. Wie reagieren die Eltern auf das merkwürdige Sprachverhalten Pauls? Was denken seine Freunde über ihn, wie verhalten sie sich ihm gegenüber?

6. Warum will Paul den Vertrag mit dem Sprachabschneider wieder rückgängig machen?

7. Du betätigst dich als Sprachzerschneider und zerlegst ein Wort deiner Wahl (Namen, Vornamen, Wohnort etc.) in einzelne Buchstaben. Dann wechselst du die Rolle und wirst zum Sprachmonteur, indem du versuchst, durch Zusammenlegen der einzelnen Buchstaben ein neues Wort zu bilden (z. B. Sonja – Jonas; Leib – Beil; Liese – leise). Du solltest jedoch darauf achten, dass du alle Buchstaben verwenden musst.

Wirkung

Frank Quilitzsch

Taubzucker und Haferlocken — 1993

Diese Geschichte ist schlicht, kurz und poetisch. Denn sie läutert nicht durch Worte, sondern durch den Verlust derselben. Was wäre, wenn Ihnen einer die Präpositionen stibitzte oder die gebeugten Verbformen oder einzelne Konsonanten? Wie bitte? Kleinlichkeiten? Na, Sie werden's erleben!

Der Berliner Schriftsteller Hans Joachim Schädlich greift ein Motiv aus dem alten Struwwelpeter auf und strickt daraus die Story vom »Sprachabschneider«. Der droht nicht mit blutiger Scher', sondern überredet den kleinen Träumling Paul zu einem scheinbar harmlosen Tausch: »Ich übernehme eine Woche lang deine Hausaufgaben, wenn du mir alle deine Präpositionen und die bestimmten Artikel gibst ...« Paulchen zögert nicht lange, denkt an die gewonnene Zeit zum Fußballspielen und willigt ein. Die Folgen: »Ich gehe Sportplatz«, sagt Paul. Erst lachen die Mitschüler, wundern sich die Lehrer, schließlich Kopfschütteln und zornige Blicke der Eltern. Trotzdem ist Klein-Paul, um sich die Schularbeiten für weitere Wochen fernzuhalten, zu neuerlichen Versprechen bereit; arglos überlässt er dem freundlichen Unbekannten die Verbformen. »Gehen du auch Zirkus?«, fragt Paul darauf seinen Freund Bruno. Doch der zeigt nur einen Vogel. Paulchen stutzt, aber die Bequemlichkeit behält die Oberhand: Weggetauscht zu böser Letzt auch noch von allen doppelten der erste Konsonant. Da wird der Einkauf zum Glücksspiel: »Zehn Rippen, vier Ratwürste, eine Tüte Hafer-Locken und eine Tüte Raupen. Und ein Tütchen Taubzucker, Mutter wollen Lätzchen backen.« Der Ärger wächst sich zum Unglück aus. Keiner will Paulchen verstehen, keiner spielt mehr mit ihm. Durchtrennt der Sprachfaden, der ihn mit anderen verbindet. Herz und Kopf werden einsam, allein Paul findet nicht die richtigen Worte.

»Der Sprachabschneider«, ein hintergründiges Büchlein für kleine und große Leser, zeigt spielerisch, wie rasch aus Spiel Ernst wird. Der literarische Unbekannte ist wie der Autor »Vielolog«.

Arbeitsanregungen

1. Den Text »Taubzucker und Haferlocken« von Frank Quilitzsch bezeichnet man als Rezension. Schlage in einem Lexikon nach, was man unter diesem Begriff versteht.

2. Der Text enthält drei Abschnitte. Gib jedem Absatz eine Überschrift.

3. Vergleiche den »Sprachabschneider« mit der Rezension. Welche Hinweise erhalten die Leser der Rezension über das Buch? Stelle sie zusammen. Welche Informationen enthält ihnen der Autor vor?

4. Der Beginn der Rezension lautet: »Diese Geschichte [...] läutert nicht durch Worte, sondern durch den Verlust derselben.« Was meint der Autor damit?

5. Frank Quilitzsch schreibt, dass das Buch von H. J. Schädlich auf eine Geschichte aus dem »Struwwelpeter« anspielt. Informiere dich über das Buch und erzähle die Geschichte, die er meint, nach. Wie unterscheidet sich diese Geschichte von Schädlichs »Sprachabschneider«?

6. Welche Empfehlungen würdest du einem Mitschüler geben, der ein Buch seiner Wahl in Form einer Rezension der Klasse vorstellen möchte?

Textquellen

Brüder Grimm: Rumpelstilzchen. Aus: Die Kinder- und Hausmärchen der Brüder Grimm. Berlin: Der Kinderbuchverlag 1973. S. 301–307.

Chamisso, Adalbert von: Die wundersame Geschichte des Peter Schlemihl. Aus: Dichtung der Romantik. Bd. 3. Hamburg: Standard-Verlag 1960. S. 23–25; S. 62 f.

Krüss, James: Timm Thaler oder Das verkaufte Lachen. Hamburg: Verlag Friedrich Oetinger 1962. S. 39–43; S. 90 f.; S. 239–241.

Quilitzsch, Frank: Haltet den Wortdieb! Taubzucker und Haferlocken. Aus: Thüringische Landeszeitung vom 24.4.1993.

Sauer, Wolfgang W.: Basiswissen Grammatik. Hannover: Schroedel Verlag 1997.

Schädlich, Hans Joachim: Interview. Fragen von Peter Bekes. Unveröffentlichtes Manuskript vom 1.11.2001.

Schädlich, Hans Joachim: Der Sprachabschneider. [1980.] 9. Aufl. Reinbek bei Hamburg: Rowohlt Verlag 2001.

Bildquellen

Seite 66: Hans Joachim Schädlich. Bildarchiv Rowohlt Verlag. © Jürgen Bauer.

Seite 67: Amelie Glienke. © Amelie Glienke.

Seite 79: Rolf Rettich: Titelbild zu: James Krüss: Timm Thaler oder Das verkaufte Lachen. Hamburg: Verlag Friedrich Oetinger 1962.

Seite 81: Szenenfoto der Fernsehserie »Timm Thaler«. © ZDF.

Seite 95: Emil Preetorius: Titelbild. Aus: Adalbert von Chamisso: Peter Schlemihls wundersame Geschichte. Berlin: Kurt Wolff Verlag 1934.

Seite 99: Emil Preetorius: Illustration. Aus: Adalbert von Chamisso: Peter Schlemihls wundersame Geschichte. Berlin: Kurt Wolff Verlag 1934.

Seite 101: Emil Preetorius: Illustration. Aus: Adalbert von Chamisso: Peter Schlemihls wundersame Geschichte. Berlin: Kurt Wolff Verlag 1934.

Seite 104: Emil Preetorius: Illustration. Aus: Adalbert von Chamisso: Peter Schlemihls wundersame Geschichte. Berlin: Kurt Wolff Verlag 1934.

Seite 109: Werner Klemke: Illustration zu »Rumpelstilzchen«. Aus: Die Kinder- und Hausmärchen der Brüder Grimm. Berlin: Der Kinderbuchverlag 1973. S. 302. © Middelhauve Verlags GmbH, München, für Der Kinderbuchverlag, Berlin.

Seite 112: Werner Klemke: Illustration zu »Rumpelstilzchen«. Aus: Die Kinder- und Hausmärchen der Brüder Grimm. Berlin: Der Kinderbuchverlag 1973. S. 303. © Middelhauve Verlags GmbH, München, für Der Kinderbuchverlag, Berlin.

Seite 115: Illustrationen von Margit Pawle.